작은 배

현대수필가100인선 · 85

작은 배

엄현옥 수필선

좋은수필사

■ 책머리에

수필은 누구나 부담 없이 읽고, 마음만 먹으면 직접 쓸 수도 있는 가장 친근한 문학이다. 다른 영역의 문학이 영상매체에 밀려 신음하고 있는 중에도 수필 인구만은 날로 증가하여 바야흐로 수필 전성시대를 구가하고 있는 이유도 거기에 있을 것이다.

시대적 추세에 힘입어 수많은 수필전문지, 수필동인지가 창간되고, 이에 비례하여 신진 수필가도 날로 늘어나다 보니 이제는 그 많은 작가, 그 많은 작품 중에서 문학성 높은 작품을 가려 읽는 일이 쉽지 않게 되었다. 이런 현상은 작가에게나 독자에게나 결코 바람직한 일이 아니다. 더 나아가서는 수필을 연구하는 후세들에게도 큰 부담이 될 것이다.

이런 문제를 해결하는 데는 출판인도 마땅히 한몫을 감당해야 한다는 평소의 소신에 따라, 본사가 기꺼이 그 역할을 맡기로 했다. 그 첫 번째 사업으로 시대를 대표할 만한 수필가 100인을 선정하고, 작가가 자선한 40편 내외의 작품을 수록한 문고본을 발간하여 이를 널리 보급함으로써 그 소임을 다하고자 한다.

본사는 사명감을 가지고 이 사업을 추진해 나가기로 했다. 작가 선정을 전담할 편집위원회를 구성하고 전권을 위임하여 일체의 사적인 정실이나 청탁을 배제함으로써 전문성과 공정성을 확보해 나갈 것이다.

따라서 이 기획물 속에는 작가의 문학정신뿐만 아니라, 본사의 문학사적 기여 의지와 편집위원 제위의 수필문학에 대한 애정과 문인으로서의 양심이 함께 담겨 있음을 자부한다. 다만, 작가를 선정하는 기준에는 많은 견해의 차이가 있을 수 있고, 선정 과정에서도 미처 챙기지 못한 부분이 있을 것이라는 사실만은 인정하지 않을 수 없다. 이 점에 대해서는 관계자 여러분의 양해 있으시기 바란다.

이 시리즈의 발간 순서는 작가, 또는 본사의 사정에 의한 것일 뿐 그 밖의 어떤 기준도 적용하지 않았음을 밝힌다.

본 기획물이 시대를 초월한 많은 수필 애호가들의 관심과 애정 속에 우리나라 수필문학 발전에 한 이정표가 되기를 바랄 뿐이다.

2010년 10월

좋은수필 발행인 서 정 환

현대수필가 100인선 간행 편집위원 박 재 식 최 병 호

정 진 권 강 호 형

변 해 명

1_부

2_부

3_부

4_부

1부

다시 우체국에서

섬, 그 섬

삼손과 글라라

호반에서 만난 산골나그네

사북, 그 아름다운 폐허

꼴찌의 대물림

작은 배

나무

고독한 사나이

다시 우체국에서

오랜만에 우체국에 갔다. 고마운 분께 작은 마음을 담은 소포를 보내기 위해서였다. 가까운 동네의 우체국을 마다하고 굳이 인천우체국까지 간 것은, 이십 년이 다 된 기억 속의 그 시간들을 만나고 싶어서였다. 비록 때와 위치는 달라도 '우체국'이라는 특정 장소에 대한 아련한 그리움이 마음 한 켠에 남아 있었다. 마음의 강줄기를 거슬러 느린 산책을 시작했다.

그 시절, 우린 늘 '우'다방에서 만났다. 모서리 부분이 둥그스름한 ㄴ자로 차곡차곡 쌓여진 우체국 앞 계단이었다. 언제부턴가 우리는 그곳을 '우'다방이라 칭했다. 충장로 중심가의 우체국 앞은 많은 이들의 만남의 장소였다. 무엇보다 주머니에 찬바람이 도는 학생들이 약속 없이도 쉽사리 만나기에 맞춤한 열린 터였다.

우체국 부근의 음악실에선 500cc 생맥주 한 잔과 팝콘 한 줌만으로도 두세 시간을 너끈히 버티었다. 우리들의 이야기는 날마다 끝이 없었다. '25시 음악사'에는 450원짜리 값싼 복사판에서 값비싼 라이센스 레코드판이 즐비했다. 그곳에선 신청곡을 줄줄이 적어 주면 녹음을 해 주곤 했다.

혹여, '우'다방에 소나기가 내리거나 겨울이 되면 건너편의 '나라 서적'이 붐볐다. 비바람을 피하기 위한 자연스런 이동이었다. 그러다 보니 우리들만의 노하우가 생겨 1층의 북적거림을 피해 4층의 전문 서적 코너로 약속 장소를 정하기도 했다. 덕분에 한층 호젓하고 품위 있는 만남을 즐길 수 있었다.

중학교 1학년 때부터 썼던 단골 안경점 또한 그 옆이었다. 몇 해 전엔가 잠시 들렀더니 안경점의 아저씬 편안함을 주는 예의 그 웃음으로,

"아직도 인천에는 안경점이 없지요?"
하고 물었다.

우체국 부근의 풍경에서 빠뜨릴 수 없는 것이 또 있었다. 교대로 주차해 있던 헌혈차와 닭장차였다. 닭장차 주변의 전투경찰은 한여름의 무더위에도 투구를 쓴 채 방패를 들고 그들 젊음의 한 시절을 그렇게 서 있었다. 우체국 뒷길은 포장마차가 즐비한 튀김 골목이었다. 도서관이나 소극장에서 나올 때쯤엔 고소한 냄새가 절정을 이루었다. 상추에 싼 오징어 튀김의 절묘한 맛도 그 골목만의 정취였다. 음악다방 '타박네'를 지

나 꺾어진 길목에는 언제나 따스했던 '늘봄'이 있었다. 한겨울에도 봄이었던 그곳엔 라이브의 싱그러운 무대가 펼쳐지곤 했다. 성악하는 친구를 부추겨 그 무대에서 들었던 김동진 곡 〈수선화〉의 고아高雅한 선율은, 젊은 날의 한 페이지로 고이 간직되어 있다.

내 마음의 우체국에는 일 년에 한두 번씩만 소식을 주고 받아도 정이 바래지 않는 이들이 있다. 버튼 몇 개만 누르면 언제라도 누구든지 만날 수 있는 전화의 속성에서 잠시 비켜 서 있는 질박한 정감이다. 오십을 바라보며 아직도 독야청청 건재함을 과시하는 노처녀 은사님께 도화지만 한 은쟁반을 소포로 보내드린 곳도 우체국이었다. 해마다 5월이면 부모님께 마음의 선물을 부쳐드리곤 했다. 이제는 은쟁반을 부쳐드릴 아기자기함도 소진消盡되었으며, 부모님은 돌아오지 않을 강을 건넌 지 오래다.

우체국의 창가에 서면 "우체국에 가면 잃어버린 사랑을 찾을 수 있을까"라는 시구를 나지막히 읊조리고 싶다. 다시 찾을 만한 사랑을 간직한 것도 아니지만 그곳에서라면 잃어버린 그 무언가를 찾을 수 있으리라.

"베고니아 화분이 놓인 우체국 계단, 어딘가에 엽서를 쓰는 그녀의 하얀 손"의 노랫가락도 무심히 흘릴 수 없다. 진자주와 붉은 빛이 선뜻 잎과 꽃으로 구분이 어려운 색조로 낮게 앉아 있던 베고니아 꽃마저도 의미 있어 보였으니까.

그러나, 이제 어딘가에 엽서를 쓰는 누군가의 하얀 손은 보이지 않는다. 우체국 앞 공중전화 박스는 고속도로 휴게소의 화장실처럼 일렬횡대로 서 있다. 그곳에선 자기들만의 언어를 토해내려고 버튼을 눌러대는 젊은 손들만이 분주하다.

그날의 우체국이 아니다. 온라인과 보험업무가 날로 확대되고, 받아도 그만이고 안 받아도 무난한 '번지 내 투입'이 찍힌 불특정 다수를 위한 상업성 우편물만이 우편낭에 무더기로 누워 있다. 전산 입력된 주소와 이름이 스티커로 붙여진 수취인란엔 더 이상의 설레임은 없다. 편지와 엽서는 이제 그 자리를 전화와 무선호출기 '삐삐'에게 물려주고 설 곳을 잃었다. 편지 봉투의 손 글씨가 그리운 세상이다.

'삐삐'의 소음은 때와 장소를 가리지 않고 울린다. 그것을 지닌 이들을 연락 대기상태로 만들어 놓았다. 누구라도, 언제라도 부르고 만날 수 있는 편리하지만 메마른 풍경이다. 편리함과 맞바꾼 제도와 도구들이 이제 함초롬한 우리의 정서를 앗아가고 있다. 머지 않아 사람의 자리는 없고, 이 세상은 온갖 편리함의 이기利器로 채워지리라. 사람의 손길로 채울 수 있는 여백을 고집하는 것은, 새삼 문명을 역류하고픈 억지스러움만은 아니다.

불확실한 내일에 대한 불안감과 끊임없는 방황으로 이어진 지난 시간들이었다. 우체국 부근을 친구들과 순례하다가 늦은 귀가로 인해 눈총을 받곤 했지만, 그 시간이 가져다 준 삶의 양식은 내 정신의 창고에 오롯이 남아 있다.

자신에 충실했던 시간들을 묵묵히 지켜보았을 우체국 부근을 걸어 보고 싶다. 다시 그날로 거슬러 간다면, 그 모습 그대로의 친구들을 만날 수 있으려나.

(수필과비평 1996. 3, 4월호. 등단작)

섬, 그 섬

I

횟집 즐비한 월미도에서 700원만큼의 여객선을 탄다. 입은 듯 벗은 듯 현란한 노출의 젊은이들은 흐드러진 웃음을 여과 없이 바다에 쏟아 붓는다. 하얗게 부서지는 물살은 뱃길을 따라오며 거품을 토한다. 맑은 빛을 좀처럼 내보이지 않는 바다를 원망해 본다. 그래, 서해바다지. 그에게서 짙푸른 몸빛을 요구하는 건 무리겠지.

월미도의 갈매기들은 먹이를 찾아 먼 곳을 날지 않는다. 거대한 여객선 후미를 맴돌다가 관광객들이 심심풀이로 던져주는 과자를 잽싸게 받아먹는다. 물 위로 동동 떠 있는 과자를 향해 경박스럽게 날개를 파닥거린다. 일등 사수의 과녁이 무색하리만치 적중률이 높다. 그것만으로도 생존은 해결된다. 모든 생명체들은 이처럼 주어진 환경에 잘 적응한다.

먹이를 구하는 것에 안주하지 않은, 높은 이상을 지닌 갈매기는 보이지 않는다. '가장 높이 날아 가장 먼 곳을 보려고 했던' 위대한 갈매기가 이곳에는 없는 것일까.

Ⅱ

영종도에 들어서면 늘 답답하다. 섬인지 뭍인지 모를 비좁은 도로는 차라리 주차장이다. 창 밖으로 눈을 돌린다. 그나마 아직 모습이 남아 있는 네모 반듯한 염전과 소금창고는 어제의 정취를 고스란히 간직하고 있다. 그러나 수 없이 파헤치고 메워진 섬의 몸뚱이는 이제 원주민의 것이 아니다. 매립된 갯벌의 마른 땅에는 자주색의 풀들이 무리를 이룬다.

한 마리의 물새도 보이지 않는다. '국제 공항 홍보 전시관'의 팻말을 그냥 지나친다. ㄱ자로 휘어진 급커브를 아스라이 지나면 비포장 도로다. 신공항 공사로 곳곳이 패인 길을 달리다가 세상 모르고 자란 억새밭이 차창을 스치면 차에서 내려 키재기를 해도 좋다. 그 섬, 신도로 가기 위해 삼목에 다다른다.

경사가 급한 삼목 선착장에선 모든 차가 후진하여 배에 실린다. 얼마 전 보았던 행위 예술의 한 장면이 스친다. 출연자는 음울한 선율을 따라 점점이 찍힌 자신의 발자국을 되돌려, 과거로 한 발 한 발 회귀해 갔다. 언제라도 후진이 가능한 자동차는 돌이킬 수 없는 일회성의 삶을 사는 인간보다 더 자유로운지 모른다.

먼저 장봉도로 가는 차들이 오르면 뒤를 이어 목적지인 신도로 가는 차가 뒤따른다. 낮은 철선은 제 몸의 반쯤을 바다에 담그고 느리디느린 속도로 바다를 가른다. 바다에 떠 있다기보다는 오히려 가라앉은 듯하다.

Ⅲ

신도에 도착하면 우선 시도와 이어놓은 연륙교에 가볼 일이다. 두 섬이 이어지기 전 선착장이었던 그곳에 서서 밀물이 한창일 땐 낚싯대라도 드리울 일이다.

제대로 된 릴 낚싯대가 아니어도 좋다. 대나무 낚싯대의 미늘에 갯지렁이 몇 마리를 미끼로 끼워볼 일이다. 볼품 없는 망둥어를 따라 흰 새우도 요란스러이 입질을 해대면 그저 걸려드는 대로 잡아챌 일이다.

옛 선착장의 시멘트 구조물은 짠물에 부서지고 세월에 씻겼다. 그 사이로 스며드는 밀물의 소리를 들어볼 일이다. 그러다가 만조가 다 되어 바닷물이 발목을 간지럽힐 때면, 바다가 나인지 내가 바다인지 모를 지경에 잠겨볼 일이다.

바다의 몸빛이 거무스름해지면 그제야 얼굴을 내밀 달을 바라볼 일이다. 인색한 달빛에 낚싯대의 끝이 보이지 않을 양이면, 어둠에 잠겨 철썩대는 밤바다를 망연히 바라볼 일이다. 바다가 들려주는 설교보다 간절한 소리에 귀 기울일 일이다.

검은 바다 위를 걷고 싶은 스산한 마음이 일렁일 때면 곁에 있는 이의 손이라도 꼬옥 잡아볼 일이다. 밤이 깊어가고 연륙교의 가로등이 주황의 빛을 밝히면 하루의 들뜸과 나른함을 달래볼 일이다. 섬의 유적幽寂에 자신을 내맡겨볼 일이다.

Ⅳ

다음 날, 모도가 바라다 보이는 선착장이다. 200여 미터 앞의 바다 건너에는 스무 채 남짓한 야트막한 지붕들이 뭍에서 격리된 외로움을 서로 기대며 살고 있다.

"나루까아 ~"

섬 아낙의 굵은 음성이 허공에 흩어진다. 나룻배를 부르는 소리이다. 사공은 오수午睡를 즐기는지 기척이 없고, 아낙의 거친 목소리만 높아진 간다. 정기 여객선이 없는 이곳은 반대편에서 목청을 돋구어 외쳐야 한다.

얼마쯤 지났을까. 신·시·모도 운행버스가 사람 몇을 내려놓고 더운 기계음을 토하며 되돌아선다. 사공은 그제서야 기다렸다는 듯이 작은 배를 통통거리며 달려온다. 그들을 마중하려는지 한 마리의 갈매기는 유난히 흰 몸빛을 고고하게 드러내며 움직이지 않고 있다. 무언가를 찾는 듯 한 곳을 응시하고 있다.

드문드문 솟아난 바위들이 모도를 향해 앉아 있다. 늙은 바위는 해풍에 깎이고, 물살에 닳아, 고목나무 등걸처럼 결을 이루었다. 제멋대로 깎인 몸뚱이로 품은 한 줌 흙더미엔, 옆으로 자란 들꽃이 누웠다. 바다를 보고 피어나는 꽃무리는 연보라색의 꽃들을 피워냈다. 섬세하게 균열된 바위덩어리는 그 틈으로 많은 미물들을 거느린다. 벌어진 틈새로 갯강구, 바닷게가 분주한 몸짓으로 오르내린다. '청산이 그 무릎 아래 지란芝蘭을 기르'고 있다.

또 한 무리의 사람들이 배를 부른다. 모도의 상갓집에 가기 위한 문상객이란다. 마주 보이는 섬의 한가운데 어느 집에선가 흰 연기가 솟아오른다. 누군가가 지상에서의 긴 여행을 마쳤나 보다. 세상에서의 소풍을 끝낸 시인은 '즐거웠노라'고 했다. 온갖 고초 속에서도 천진한 웃음을 잃지 않았던 그의 얼굴이 아프게 떠오른다.

"지금까지 몇 번씩이나 차 타고 배 타는 것이여?"

여남은 문상객들은 지친 여정을 넋두리하며 선착장으로 줄지어 걸어간다. 희고 검은 옷만 보이는 그들의 행렬은 바다와 뭍의 점이적인 장소인 선착장의 분위기를 무겁게 가라앉힌다.

젊은 여인은 흰 국화를 안고 있다. 죽은 자가 이어 놓은 뭍의 인연들은 이제 그의 마지막 길을 배웅하려 한다. 그들을 태운 작은 배는 순한 바닷길에 하얀 선을 그리다가 이내 지우기를 되풀이하며 모도의 선착장에 이른다. 조금 전의 갈매기는 보이지 않는다.

V

드라이아이스인 듯 짙은 해무海霧에 좀체 모습을 드러내지 않던 강화의 기다란 섬이 얼굴을 서서히 편다. 스멀스멀 증발하는 물안개가 걷힌다.

순간 나의 시선이 번쩍 뜨인다. 자리를 박차고 일어선다. 한 마리의 갈매기가 날렵한 동작으로 비상하고 있다. 다시 급강하하며 부리를 바다에 적시는가 했더니, 수직선을 그리며 재빨리 솟아오른다. 이어서 장엄한 날갯짓으로 활강하다가, 아스라히 창공을 선회한다. 짙은 숲이 우거진 저 섬 쪽으로 몸을 날린다.

모든 갈매기들이 먹이만을 얻기 위해 해변을 떠나고 되돌아오리라고만 생각했다. 대부분의 갈매기에게는 먹는 것이 문제였으나, 조나단 리빙스턴 시걸에게는 먹이가 아닌 '나는' 것이 문제였다. 오래 전부터, 아주 오래 전부터 마음속 깊은 곳으로부터 꿈꾸어 왔던 갈매기를 만난다. 단순히 먹이를 얻기 위해서가 아니라, 더 높은 곳을 보기 위해 더 멀리 나는 위대한 갈매기가 살아가는 그 섬, 나는 그곳에 또 가야만 하리라.

(수필과비평 1997. 1, 2월호)

삼손과 글라라

면도하던 남편이 욕실 문을 열고 급히 부른다. 잠시만 들어오란다. 삐져나온 머리카락 몇 올을 잘라주라는 것이다. 마지 못해 작은 가위로 자르고 나니 이번엔 아예 자동이발기를 한 번 사용해 보란다. 며칠 전의 비극이 생각나 극구 사양했으나, 막무가내로 뒷머리를 들이민다.

그놈의 충동구매가 문제다. 지난 연말 동인천역 지하상가에서 손목시계 수리를 맡길 때였다.

"이발소에 갈 필요가 없어요, 한 번 사용해 보세요!"

시계점 주인이 자동 이발기의 구입을 적극 권하는 바람에 남편은 거금을 주고 덥석 저지르고 말았다. 평소에 자신은 물론 나와 아이의 머리가 조금만 길어도 무자비한 단발령을 내리기 일쑤였다. 그럴 때면 단체로 미장원에 가곤 했다. 그러니

얼마나 편리할 것이냐며 신바람을 냈다.

이 개명천지간에 누가 무자격 이발사에게 자신의 머리를 내맡기겠는가. 나는 물론이거니와 아이마저도 선무당에게 머리를 내주진 않았다. 소용되는 일 없이 서랍 한 켠에서 나의 눈총을 받기만하던 이발기가 어느 날 세상 빛을 보게 되었다. 호시탐탐 기회를 노리던 남편이 아들 녀석을 대상으로 임상 실험의 기회를 잡은 것이다. 뒷머리만 다듬겠다며 아이를 구슬리더니, 비장한 표정으로 이발기를 들이댔다. 그것도 잠시 '솜씨가 없어도 실패할 염려는 없다.'며 큰소리 뻥뻥치며 슬쩍 앞머리까지 쳐들어 갔다. 차면 넘치게 마련인 즉, 몇 초 후의 아이의 모습은 가관이었다. 6·25사변을 전후한 시절 흑백사진에 담긴 피난민 어린이의 머리처럼 볼썽사납게 변해버린 것이다. 다행히 심성이 무던한지라 그럭저럭 지나가는 듯하였다.

며칠이 지났을까. 아이의 머리는 나의 인내심을 실험하려는 경지에 이르렀다. 미장원에 가 망신을 당하더라도 그대로 있을 수는 없었다. 멋쩍은 웃음에 짧은 머리로 돌아 온 아이의 말인즉,

"미장원 누나가 너희 아빠 군대에서 이발병이셨냐고 물어서, 이발장교였다고 말했어."

기어코 올 것이 오고 만 것이다. 아빠를 대신하여 수모를 겪고 온 아이가 적진을 헤쳐 나온 장한 아들로 보였다. 게다가 아빠가 장교였음을 상기하여 나름대로의 답변을 하고 온 것이다.

아직 그 기억이 선명한 이 마당에 이번엔 자신이 속죄양이

라도 되겠다는 건가. 그렇지 않고서야 그 방면으론 관심도 재주도 없는 내게 머리를 맡긴단 말인가. 사양할 만큼 했으나 '거칠게 삐져나온 몇 가닥'이라는 간절한 단서를 붙여가며 통 사정하는지라, '에라, 나도 모르겠다. 죽은 사람 소원도 들어준다는데….' 라는 생각으로 스위치를 켰다. 뒷머리께만 거짓말처럼 스치고 말 작정이었다.

"드르륵 드르륵-"

그럴듯하게 돌아가는 이발기의 기계음에 도취되어, 어느 새 귀밑머리 부근에 이르렀다.

'이왕 손 댄 김에 한 번 산뜻하게 깎아 봐?'

다시 목 뒤쪽으로 내려와서는 자로 잰 듯 반듯하게 다듬었다. 이 정도면 되지 않겠느냐는 으스대는 표정으로 뒷머리를 보라며 거울을 내밀었다.

순간 남편의 거무숙숙한 얼굴이 하얗게 변했다. 그게 아니라는 것이다. 평소에 남자들의 뒷머리를 관심 있게 보아둔 것도, 자청한 일도 아니라서 대수롭지 않은 척했다. 궁색하게 찾아낸 유일한 한 마디,

"그러게 내가 못한다고 했잖아요 ! "

다음날 새벽, 남편은 집에 없었다. 혼자 새벽 미사를 갈 리도 없고, 대중 목욕탕에 갔나? 베란다에서 주차장을 내려다 보니 차도 없다. 그 나이에 가출이라도? 물증을 찾아 어슬렁거렸지만 집히는 데가 없었다.

한두 시간이 지났을까, 제대 군인의 머리로 남편은 들어왔다. 일찍 문을 여는 이발소를 찾느라 서둘렀단다. 이발사에게 미리 사건의 경위를 알렸다며, 일제 정리를 당해 전체적으로 짧아진 뒷머리를 만지며 쑥스럽게 웃고 있었다. 때는 겨울의 한가운데였으니 유난히 간결한 남편의 머리 주변에 찬바람이 감돌았다.

그는 더 이상 내게 이발기의 사용을 권하지 않는다. 도리어 내 쪽에서 적시에 협박용으로 들고 나온다. 사태가 불리하면 비장의 무기를 휘두르 듯,

"또 이발이나 한 번 해 볼까요?"

두발 훼손의 대형사고는 '가족'이라는 무조건의 편리한 이름으로 더 이상의 책임추궁 없이 해결되었다. 시간은 흐르기 마련이고 영양상태가 양호한 남편과 아이의 머리는 하루가 다르게 자라고 있었으니까.

우리 가족은 우리만이 알아들을 수 있는 암호 비슷한 말들을 즐겨 사용한다. 그 중 하나가 바로 '3손과 글라라'이다. 글라라는 나의 세례명이고, 나를 제외한 세 명의 손孫씨가 바로 삼손이다. 남편과 아이들을 동시에 부를 여러 상황에서 그 호칭은 실용적이다. 예를 들어 다 준비된 식탁에서 그들을 불러야 할 때도 그저,

"3손!"

간결한 한 마디면 좋았다. 그래서 가족 네 명 모두에게 해당

되는 칭호는 '삼손과 글라라'로 족했다.

남편이 가끔 잡초처럼 자라난 흰머리를 뽑아 달라고 할 때면 난 언제나 〈삼손과 데릴라〉의 머리카락을 핑계로, 그 지루하고도 재미없는 작업에서 면제받곤 했다. 데릴라의 속임수에 넘어가 긴 머리카락을 잘리게 된 삼손을 상기할 것까지도 없다. 애초에 남편은 내게 머리만큼은 맡기지 말았어야 했다.

(수필과비평 1997. 5, 6월호)

호반에서 만난 산골나그네

짙은 안개가 나지막히 배회하고 있다. 강촌江村을 지나 굽이굽이 물줄기를 따라가니 춘천이다. 미명에 서둘러 나섰건만 해가 중천이다. '생활이 산문이라면 여행은 시'라던가. 그렇다면 오늘 하루는 시와 같은 날이 아니겠는가.

먼저 김유정金裕貞, 그를 만나야 한다. 이상李箱과 함께 박제된 천재로 남은 그가 실연의 아픔을 안고 귀향했던 바로 그곳이다. 문맹퇴치를 위해 야학당을 열었던 강원도 춘성군 신남면 금병의숙錦屛義塾, 여느 기념비와 다르지 않은 문학비에 육필 몇 구절이 음각되어 있다. 분주할 것도 수선스러울 것도 없는 한적한 시골회관으로 변한 마당에서 그의 흔적을 찾고자 두리번거린다.

빈 뜰엔 가을볕이 따갑다. 그의 소설의 등장인물들이 오버랩된다. 푸드득거리며 홰치는 닭의 울음소리와 농사일에 지친 소작민들의 질펀한 입담이 들려올는지도 모른다. 새빨간 열매를 주저리 주저리 매달고 있는 산수유 열매도 그 날의 유정을 기억하고 있노라며 얼굴을 붉힌다.

유정은 이상과 절친했다. 작품세계는 서로 달랐으나 문학적 천재성이 닮았고, 불우한 환경과 서른을 넘기지 못한 요절까지도 비슷했다. 순수문학을 내세운 구인회九人會의 멤버이기도 했으니 그들이 하나의 그림으로 연상되어지는 것도 무리는 아니다. 세월을 거슬러 젊은 시절 그들의 모습을 떠올리며 상상에 잠겨본다.

상허 이태준李泰俊도 그의 죽음을 아쉬워했다. 그는 〈무서록無序錄〉에서 '최초의 작품부터 자약自若한 일가풍一家風을 가졌고 소설을 쓰는 것이 운명인 것처럼 만난萬難과 싸우며 독실일로篤實一路였던 유정'이라는 대목으로 착잡한 심정을 토로했다.

유복한 유년시절은 잠시였다. 그가 천석꾼의 차남으로 태어날 당시는 출생지인 실레마을을 중심으로 30리 안에서는 남의 땅을 밟지 않아도 될 정도였다. 부모를 여의자 보호자가 된 형의 방탕으로 학업을 중단할 만큼 가세가 기울어갔다.

어려서 잃은 어머니를 그리던 외디푸스적 고독감에서였을까. 후에 명창이 된 연상의 기생 박녹주에게 애절한 사랑을 갈구했으나 좌절되고 만다. 무참하게 거절당한 사랑의 아픔이 그에게 문학의 불을 지펴준 것은 아니었을까. 어쩌면 진행 속도가 빨랐던 폐결핵의 고통 속에서 자신의 죽음을 저울질하는 처절한 심정으로 글을 써내려갔을지도 모른다. 고뇌와 절망 속에 핀 몇 송이 꽃을 우리는 지금 그의 단편소설로 기억하고 있다.

그의 작품 속 인물들은 진한 아픔을 지녔다. 가난을 면해 보겠다고 콩밭에서 금을 캐다가 콩밭마저 망쳐버리거나, 극한적인 궁핍으로 인해 아내로 하여금 지주에게 매춘을 하도록 단장시켜 보내는 남편도 있다. 그렇듯 등장인물들의 희망을 무참히 꺾어버리는 비참한 상황에서조차 그의 미학美學은 번득인다. 시대의 불운과 소작농의 아픔을 구구절절 묘사했던 남루한 이야기의 뒷면에 살포시 드러난 뛰어난 해학이 우리를 지금껏 붙잡고 있다. 붓끝에서 술술 풀려나오는 토착어와 행간에 숨 쉬는 기지가 생생히 전해온다. 동 시대 작가들이 계몽의 도식에서 자유롭지 못했던 데에 비추어, 그가 한국 현대소설의 한 장場을 열었다고 자리매김 되는 이유도 그 때문이리라.

짧은 시간 마주한 그의 흔적이 아쉽기만 했다. 의암호반에서 있다는 그의 비碑를 찾아 나선다. 차를 버리고 강변도로를 걷는다. 알싸한 호반의 상큼함은 이내 가슴 깊은 곳까지 청정함으로 파고든다. 상쾌하다.

하늘은 텅 비어서 더욱 파랗다. 펜촉 모양의 조형물로 서 있는 시비詩碑에는 〈산골나그네〉의 한 구절이 새겨져 있다.

'산골의 가을은 왜

이리 고적할까!'
앞 뒤 울타리에서
부수수하고
떨잎은 진다.

바로 그것이 귀밑에서
들리는 듯 나직나직
속삭인다.
더욱 몹쓸 건
물소리

— 김유정의 〈산골나그네〉 중에서

호반을 바라보며, 짧은 생애를 살다간 그를 생각한다. 자신의 고적함을 산골의 가을 풍광을 빗대어 노래했으나, 미처 못다한 말은 저 벨벳처럼 푸른 해면에 쏟아부었으리라. 서울을 왕래하며 두 번 다시 오지 않을 것을 맹세하고 오줌을 누었다던 바위도 어디쯤에서 저 강물을 굽어보고 있겠지. 가난과 실연, 거기에 더해 병마까지 합세한 불운과 싸워야했기에, 성의 애착이 강했던 그에게 낙향은 형벌이 아니었을까.

사위는 어둑어둑해지고 불빛들이 하나 둘 깜박인다. 어둠이 내린 한강에 불빛이 뿌려지고 있다. 불빛을 담은 강 자락은 갑작스러운 찬란함이 버거운 듯 진저리치다가 결에 따라 일렁인다. 식민지 시대의 좌절 아래 죽음의 늪으로 빠져들었던 김유정의 흔적은 이제 누런 책 속의 활자로 남아있다. 경기도 광주에서 숨을 거두었으나 한강에 뿌려졌다는 그의 유골은 저 어디쯤을 지나쳤으리라.

어줍잖게나마 글을 시작한 내게는 가슴에서 우러나오는 절절한 아픔은 없다. 유정의 짧은 생애에 드리워졌던 시대의 아픔과 병마, 사랑의 고뇌와 가난도 없다. 문학을 향한 치열한 열정보다도 그저 습관처럼 써내려 간 졸문들이 부끄러움으로 남는다. 결국 돌아오기 위해 떠난 짧은 여행, 서둘러 떠난 산골 나그네 김유정과의 만남은 내게 쓴다는 것에 대한 또 하나의 화두話頭를 안겨준 무거운 여정이었다.

차는 올림픽대로에 이르자 속도를 내기 시작한다. 나를 따라오는 한강을 바라본다. 차창에 비추는 내 얼굴 위로 그의 모습이 오버랩된다. 깡마른 체구에 꼬질꼬질한 검정 두루마기를 입고 그의 친구에게 애원했다는 한 마디,

"네가 나를 살려다구. 이대로 죽어갈 수는 없으니 제발 살려 다고."

그것은 차라리 나를 향한 절규였다.

(제물포수필 1999 상반기호)

사북, 그 아름다운 폐허

이번 강릉행은 열차를 이용하기로 했다. 강원도의 눈 소식과 변덕스런 겨울 날씨 때문이다. 영동선 무궁화호의 여정旅程은 인내심을 요구했다. 끊어질 듯 이어진 레일과 덜커덩거리는 기계음이 계속되었다. 아무런 생각 없이 달리는 열차에 나를 맡기고 나니 도리어 편안했다. 가지마다 흰 눈을 이고 세찬 바람결에 흩뿌리기를 반복하는 겨울나무가 청신했다.

청량리역을 벗어날 때부터 햇빛은 좀처럼 그 얼굴을 드러내지 않았다. 양수리 근처에서 어슴푸레한 물안개가 스멀스멀 수면을 배회했다. 탄광지대에 다다르자 백설이 눈부셨다. 조금 더 달리면 동해의 푸름이 직사각의 차창에 가득 넘쳐날 것이며, 정동진에 이르면 열차에 앉은 채로 해수면을 달리고 싶은 충동을 억누르지 못할 것이라는 상상에 잠겨 창 밖을 보았다.

그곳의 풍경은 의외였다. 무겁게 가라앉은 촌락의 분분설은 검은 캔버스에 흰 물감이 점점이 찍힌 듯 묘한 대비를 보였다. 사북역舍北驛. 광부들이 생존권을 위해 인질극을 벌였던 아픈 땅이었다. 그 지명地名만으로도 수십 년 전의 섬뜩한 기억이 되살아났다. 생활의 넉넉함이 아닌 생존의 허용치에 대한 요구의 함성이었다. 삶에 필요한 최소한의 공간만이 주어졌을 사택은 작은 슬레이트 지붕을 맞대고 바스러질 듯 앉아 있었다. 개울은 폐광에 고인 물에 철분이 엉켜 진초록이었다. 폐촌은 이제 적막만이 감돌았다. 그들은 떠났다.

어디로 갔을까. 산기슭을 따라 구부러진 몇 가닥 길과 다닥다닥 붙은 초라한 집들은 텅 비어 있었다. 어느 도시의 빈민이 되었을까. '진폐증'이라는 이름표를 평생 떼지 못하고 가쁜 숨만 쉬고 있을까. 그들은 검은 땀을 흘리며 가족의 생계를 꾸려가던 우리의 힘센 가장이었다. 긴 노동 뒤에 찾은 안정된 노후를 보내고 있으면 좋으련만.

막장의 산업전사였던 그들에게 변화의 바람이 몰아쳤다. 날마다 더 깊은 갱도로 내려갔던 그들은 일터를 잃었다. 석탄을 외면한 대체 에너지의 효율성에 밀려 폐광을 맞게 된 것이다. 연탄을 내몰고 그 자리를 차지한 석유며 가스에 의해 채산성을 잃은 탄광은 저렇듯 긴 잠에 들어갔다.

차창을 스쳤던 흰 시멘트 건물은 '직업병 센터'였다. 흰색이 이렇듯 그로테스크하게 보인 적은 없었다. 초라한 병상에서

연로한 광부가 헤아리고 있을 생生의 마지막 시간들이 떠올랐다. 누구에게나 한 번 주어지는 삶은, 모두가 다른 방식으로 살기 마련이다. 그들은 저 검은 땅과 자신의 젊음을 맞바꾸기 원했던 것일까. 자신을 온전히 맡길 수밖에 없었던, 결코 놓칠 수 없었던 생활의 끈이, 빛이라고는 찾을 수 없는 막장에서의 노동 시간을 연장시켰을 것이다.

그들은 고된 작업이 한동을 넘기면 흰 이빨을 드러내며 안전모의 라이트를 번쩍거리며 환호했겠지. 노동과 바꾼 급료를 받는 날이면 지친 몸을 달래기 위해 대폿집에 들렀다가, 가족에게 안겨줄 고깃근을 사든 날은 발걸음도 가벼웠으리라. 기찻길보다 낮은 좁은 길마저도 그 날 밤에는 환하게 보였겠지. 그 날의 영상이 오버랩되었다.

통리역 부근에 이르렀다. 태백의 등허리를 아슬아슬하게 기어오르던 열차가 멈추었다. 더는 오르내릴 수 없다고 외마디 비명을 질러댔다. 급경사를 피해 살짝 옆길로 후진하더니 완만한 오르막으로 지그재그 모양을 따라 예정된 길로 접어들었다. 이름하여 스위치백 구간인 그 길은 레일을 세 번 바꾸었다. 그제서야 가던 길을 계속 갈 수 있었다. 스위스의 산악 지대에서 볼 수 있는 드문 현상이라고 했다.

저들 탄광의 인부들도 막장에서의 나날이 지치고 힘들 때면 저렇듯 가던 길을 쉬고 싶었겠지. 잠시 옆으로 비켜 후진하여 다시 오를만한 길 한두 개쯤 지니고 싶었으리라. 그들 삶에도 스위치백 구간이 있었더라면…. 문득 앞만 보고 오르막을 향해 치닫는 세상의 속도가 버겁게 느껴졌다.

기관차의 마지막 칸으로 자리를 옮겨 달려온 레일을 바라보았다. 결코 일치하지 않는 평행의 레일은 때론 복선으로 얽혔다가 곧 제 갈 길을 찾아 뻗어 있었다. 열차는 궤도를 벗어나고 싶어도 결국 주어진 길을 벗어나지 못했다. 영동선의 레일은 수많은 산허리를 뚫고 끊어질 듯 이어졌다. 터널, 우리는 지금껏 얼마나 많은 그것들을 지나왔던가. 앞이 보이지 않은 캄캄한 굴속을 스쳐 나오면 거짓말처럼 시계視界가 밝아졌다. 그 순간이 온다는 것을 짐작하기에 어려움을 감내하는 것이리라.

오래 전 판화 전시회에 간 적이 있다. '쥘 흙과 뉠 땅 전'이라는 생소한 주제의 작품들은 탄광촌의 애환을 담고 있었다. 고통과 한으로 움켜쥔 흙과 마지막에 몸을 뉘게 될 검은 땅, 광부들의 운명을 암시한 독특한 작품들이었다.

판화에 담긴 한 작품에서는 매몰 사고 현장이 재연되었다. 간신히 구조된 광부를 싣고 내달리던 구조차량의 예리한 불빛은 섬뜩했다. 막장인생의 아픔이 곳곳에 배인 그것들은 판화 특유의 어두운 배경 처리로 인해 작가의 의도가 잘 드러났다. 양각으로 처리된 검은 면은 민중화가의 화폭처럼 뜨거움으로 가슴에 와 닿았다. 그도 광부들의 아픔과 저 낮은 땅의 소리를 들었으리라.

그 아픔의 땅에 며칠이라도 머무르고 싶었다. 그곳은 멋들어진 풍광이나 주민들의 넉넉한 웃음은 없을 것이다. 그럼에도 불구하고 오직 자신과 마주하여 허식과 위선을 벗은 또 다른 나를 만날 수 있을 것 같았다.

애초에 태백의 골 깊은 계곡은 맑은 물줄기가 흘렀으리라. 근육질의 우람한 사내가 떡 버티고 선 듯한 의연한 산줄기를 자랑했겠지. 그러나 이제는 다산多産으로 지친 늙은 어머니의 자궁처럼 생산성을 잃은 메마른 봉우리만 서 있었다.

황지우 시인이었던가. 그는 생에 대한 슬픔을 삼키며 시의 마지막 부분을 이렇게 써 내려갔다.

> 그러므로, 어느 날 나는 흐린 酒店에 혼자 앉아 있을 것이다.
> 완전히 늙어서 편안해진 가죽부대를 걸치고
> 등 뒤로 시끄러운 잡담을 담담하게 들어주면서
> 먼 눈으로 술잔의 수위水位를 아깝게 바라볼 것이다.
> 문제는 그런 아름다운 폐인廢人을 내 자신이
> 견딜 수 있는가, 이리라.
> – 황지우의 시 〈어느 날 나는 흐린 주점에 앉아 있을 거다〉 중에서

비록 물 한 줄기, 돌멩이 하나도 본래의 모습을 잃은 척박한 땅이었지만, 그들 삶의 흔적이 사라져 간 곳, 검은 땀과 흐린 눈물이 서린 그곳은 차라리 아름다웠다. 아프도록 아름다운 폐허廢墟였다.

(月刊文學 2000. 8월호)

꼴찌의 대물림

초등학교 시절, 운동회는 가장 거북스러운 행사였다. 마스게임이며 단체 경기까지는 그런대로 넘어갔지만 맨손달리기가 문제였다. 안간힘을 다해도 결승점에 가까스로 다다른 지 얼마 되지 않아, 바로 다음 조의 1등이 흰 결승 테이프를 가르며 들어오곤 했다.

'나는 언제나 저 자랑스런 테이프를 가슴으로 받아볼까.'

출발 신호 총소리가 터지는 짧은 순간은 공포 그 자체였다. 그 이전부터 가슴은 두방망이질했다. '하늘이 무심하지 않아 천재지변이라도 일어났으면 ….' 하는 심정이었다. 갑자기 쏟아진 폭우에 운동회가 중단되어 집으로 달려가는 환상에 사로잡힌 적도 있다. 고학년이 되면서부터는 불안감 속에 갖은 상상력이 동원되기도 했으나, 그렇다고 출발 신호가 나를 비껴간

적은 한 번도 없다.

그런데 꼴찌에서도 예외는 딱 한 번, 4학년 때 장애물달리기에서였다. 중간지점에 가서 구구셈 문제를 집어 들고, 몇 발짝 뛰어가 정답이 적힌 카드를 찾아서 달리는 경기였다. 내가 집어든 카드는 지금도 생생한 4×8 ! 당황함에 선뜻 답이 떠오르진 않았으나, 가까이서 숫자 32가 가여운 나를 향해 웃고 있었다. 주변을 둘러 볼 여유도 없이 으레 꼴찌려니 하고 달렸는데 웬걸 3등이었다. 운동경기에서의 입상은 내 생애를 통틀어 처음이자 마지막이었던 기념비적인 사건이었다. 그 날 왼 팔목에 찍힌 빨간 도장의 흔적을 오른손으로 받쳐들었던 감격을 지금도 잊지 못한다.

학교를 졸업하고 나면 그 지긋지긋한 체육과는 무관하리라는 생각은 여지없이 빗나갔다. 직장에선 일주일이 멀다 하고 직원 체육일을 정해 배구를 했다.

"오늘은 수요일입니다. 전원 운동장으로 나오세요. 5분 늦으면 벌금 천 원입니다."

스피커를 타고 흐르는 안내 방송이 끔찍히도 싫었다. 그러나 거역할 수 없는 각자의 포지션이 정해졌다. 나는 상대방의 공을 빨리 피해서 우리 팀이 공을 받도록 잽싸게 비켜주기만 해도 되는, 있으나마나한 네트 아래 코너였다. 그러다가 공이 내 주변으로 날아올 기미가 보이면 비명을 지르며 피하거나 주저앉기 일쑤였다.

이쯤해서 비극의 막이 내렸으면 좋으련만, 학부형이 되어 체육대회에 가면 어김없이 학부모 대표의 이어달리기가 또 나를 기다렸다. 아이들 앞에서만은 확연한 꼴찌 실력을 보일 수 없다는 절박감에 어렵사리 대리인을 물색하여 모면한 적도 있지만 선뜻 이해가 가지 않는다는 표정이었다. 그 때의 난감한 심정은 표현할 말이 없었다.

어린 시절, 운동회 때만 되면 달리기에 대한 불안한 마음을 어머니께 토로했다. 그럴 때마다 당신도 늘 달리기에 꼴찌여서 무서운 일본인 담임이 호루라기를 불면 학교 바로 앞의 집까지 단숨에 달려와 버렸단다. 화장실에 숨은 것도 모자라 손잡이를 안에서 꼭 붙들었다고 했다. 그러고서도 무사했는지는 되묻지 못했으나 어머니의 그 이야기를 듣노라면 적잖이 위로가 되기도 했다. 방학을 맞아 외갓집에 갈 때면 바로 앞의 뾰족지붕 교회당과 가까운 어머니의 모교를 보며 달리기를 피해 황급히 도망 나온 소녀를 상상하곤 했다.

그런데 이 무슨 운명의 내림이란 말인가. 일은 그쯤해서 끝났으면 좋으련만 이제 딸아이가 문제다. 체육대회 때마다 한바탕 소란을 피운다. 이겨도 그만, 져도 그만인 나와는 달리, 녀석은 자신이 꼴찌라는 것을 받아들일 수 없는 모양이다. 그럴 때마다 어머니를 떠올리며 나의 쓰라린 과거를 이야기해도 그 옛날 나만큼의 감동은 없어 보인다. 겉으로는 아이의 아픔에 동조하는 척하면서도 내심으로는, '그래, 마음만으로 안 되는 것도 있단다. 그게 세상살이야.' 노인네같이 되뇌어 본다.

그 시절 어머니께 투정했던 이유는 공인된 꼴찌에서 벗어나려는 것보다는, 어머니의 화장실 도피사건을 거듭 중계해 들음으로써, 아슬아슬한 간접 경험의 묘미를 느껴보자는 의도가 다분히 숨어 있었다. 그러나 딸애는 나의 온갖 회유와 고백에도 반응이 없다. 어머니를 떠올릴 얘깃거리로 간직한 나의 정서를 공감하기엔 딸애가 너무 커버린 것일까.

한 번의 실패도 없이 살아온 사람을 조심하라는 말이 있다. 좌절과 포기를 겪지 않은 사람이 남을 온전히 이해하고 감싸주기는 어렵다는 뜻이리라. 자칫 겸손의 미덕을 갖추지 못했거나 오만으로 차 있을지도 모른다. 인생은 흔히 달리기에 비유되기도 한다. 짧지 않은 레이스의 모든 과정이 모두 만족스러울 수는 없다. 그러나 달리기의 목적이 우승에만 있는 것이 아니라 끝까지 내달음에 최선을 다했다면 그 또한 값진 일이다.

미루어 짐작하건대, 지금껏 내가 달려온 길로 보아 앞으로도 1등을 할 것 같지는 않다. 그렇다고 매번 꼴찌만 하라는 법도 없고, 비록 꼴찌라도 도중에서 포기했던 적은 없다. 완주에 의미를 두고 달렸던 것이다. 사랑하는 딸애에게 꼴찌의 대물림과 아울러 희망도 물려주고 싶다.

(수필과비평 2001. 5, 6월호)

작은 배

나, 지쳐 바다에 갔다. 거기 작은 배 한 척이 출렁이며 물살에 모든 것을 내맡기고 있다. 호젓한 변산반도의 해변에서 바다를 거스르지도 못한 채 떠 있다. 동아줄에 닻이 묶였다. 하늘빛 푸른 몸체는 자신의 의지대로 할 수 있는 일이 지금은 없다. 돌멩이 자글자글한 해변을 애무하는 파도의 격렬한 사랑을 지켜볼 뿐이다.

안타까운 마음에 배를 붙들어 맨 굵은 밧줄을 힘껏 잡아당겨 본다. 꿈쩍도 하지 않는다. 가끔은 탈출을 시도할 수 없는 일상의 매너리즘도 이처럼 나를 무기력하게 만든다. 저 바다처럼 거대한 몸짓으로 짓누른다.

바람이 거세다. 어디쯤일까. 남태평양에서 불어왔음직한 저 태풍은 여기까지 이르는 동안 노여움을 삭혔을까. 스스로 지치기도 했으련만 격렬함을 온전히 감추지는 못한다.

배는 이제 떠나고 싶다. 어디론가 가고 싶은 작은 배의 소망이 전해지기엔 바다가 너무 넓다. 파도는 다가와 묶인 몸을 이리저리 친다. 우르르 달려왔다가 이내 밀려나는 무심한 파도, 먼 바다로 나아가지 못하는 작은 배의 아픔을 아는가.

이 배는 아마 고깃배일 것이다. 한 때는 거대한 어선을 꿈꾸었지만 묶인 줄을 끊고 이제는 먼 바다로 가고 싶을 것이다. 거친 항해에 자신의 몸이 만신창이 되더라도 바다 한가운데서 풍랑과 치열한 싸움을 하고 싶을지도 모른다. 언젠가 만선의 기쁨을 안고 떠나온 항구로 돌아오기를 꿈꿀 것이다. 그러다가 지친 몸을 쉬고 싶을 때면 작은 포구에 머무르고 싶었겠지.

한 때는 나도 퀸 엘리자베스 호나 타이타닉 호를 능가하는 유람선이기를 바랐다. 많은 이들의 환호성과 근사한 뱃고동 소리를 남기고 항구를 떠나고 싶었다. 멋진 크루즈가 되어 낯선 항구에 정박하면 밤하늘의 별이 모두 내게 쏟아지는 환영도 보았지. 산뜻한 모터보트라도 좋았다. 흔적 없이 해면을 가르며 단숨에 목적지에 이를 것이기에…. 모든 것이 잊힐 정도의 속도감에 나를 맡기고 요란한 함성을 실어도 좋았으리라.

나는 지금 호화 유람선도 멋진 모터보트도 아니다. 바다가 잔잔해도 근해에서 초라한 그물을 드리울 뿐, 먼 바다로 나아갈 수 없다.

흐린 날이지만 일몰의 장관이 펼쳐지기를 기대한다. 나의 바람이 무색하게 황혼을 감춘 서녘 하늘은 잿빛으로 잔뜩 웅크린다. 바다는 결코 화려한 빛으로 물들지 않는다. 이처럼 내가 간절히 바라던 것은 오지 않았다. 〈고도우를 기다리며〉에서처럼.

사위는 어두워진다. 수평선을 점령한 작은 섬의 등대일까. 가느다란 빛을 보내고 있다. 그러나 그 불빛은 내 작은 배에는 한 줄기도 드리워지지 않는다. 밤이 시나브로 깊어 가면 배는 저 혼자 외로우리라. 아쉬운 발길을 숙소로 향한다.

깊은 밤, 낯선 곳에서의 나를 재우지 못한다. 바다가 내게로 다가오는 환청幻聽, 바다도 이 밤, 잠을 잊었을까. 파도는 철썩거리며 나의 빈 가슴을 파고든다.

뒤척이기를 그만 두고 베란다로 나갔다. 인색한 달빛 아래 펼쳐진 검은 바다는 물참 때문인지 한없이 넓어졌다. 드넓은 대해의 관문인 양 수면 위에 나란히 서 있던 형제 바위도 이제 손에 잡히지 않는다. 아스라하다. 해질녘 물써는 틈을 타 건너갔던 솔섬, 그곳의 소나무는 발목을 물에 담그고 있다. 갯바위는 흔적도 없다. 검은 바다와의 밀회를 즐기는 것일까. 사방은 어슴푸레하고 가없는 바다로 인해 배는 더욱 외로워 보인다. 놀치는 파도에 속절없이 꿈을 내맡긴 채 흔들린다. 형체마저 희미하다.

그 때 환상을 보았다. 굵은 동아줄을 끊고 떠나는 배, 그 작은 배는 형제바위를 지나 홀연히 항해에 오르고 있다. 저 거칠고 먼 바다를 향해. 이제 나도 떠나련다.

(수필과비평 2001. 9, 10월호)

나무

무대는 은은함이 감돈다. 부드러운 조명 때문만은 아니다. 바닥과 벽면을 채운 질 좋은 나뭇결이 한 몫을 한다.

목재는 금속이나 플라스틱에 비해 질감이 좋다. 결코 자신을 내세우지 않으면서도 주변과 잘 어울리는 조화로움을 지녔다. 요란한 색상으로 시선을 모으려하지 않는 겸손과 중후함까지 갖추었다. 연갈색의 목재가 주는 온화함에 잠겨본다. 사람이라도 그만한 품격을 지니기는 어려운 일이다.

현絃을 고르는 미세한 음이 흐르고, 이내 연주가 시작된다. 그곳에는 나무로서 가장 그럴듯한 위치에 오른 현악기들이 있다. 은발이 잘 어울리는 노老 연주자의 품에 안긴 더블베이스와 깔끔한 중년 단원과 포옹하는 첼로, 그들은 나무라는 재질의 악기가 아니라 연주자의 분신이다.

상팔자를 누리는 것은 바이올린이다. 날렵한 미모의 젊은 바이올리니스트의 어깨에 실려, 그녀의 턱에 몸의 일부를 맞대고 있다. 그 모양이 여인의 몸매를 닮았다는 사실을 처음 느낀다. 검은 연주복을 입은 미녀 주자奏者의 어깨에 지그시 기댄 채 은근한 사랑을 나누다가, 새처럼 솟구치는 지휘봉에 따라 과격한 애무도 불사한다. 그들이 만들어낸 화음은 고음에 거침없는 테너를 돋보이게 한다. 이어서 중후한 음색의 베이스나 바리톤이 깔리면 카펫처럼 낮게 드리워진 포근함으로 실내를 감싼다. 연주가 끝나기가 무섭게 감당하기 힘든 박수 세례를 받는다.

저들은 하루 아침에 근사한 무대에 오르게 된 것이 아니다. 어느 장인匠人의 정교한 손놀림에 자신을 단련시킨 후에야 저렇듯 우아한 자태로 서게 되었으리라. 저들은 공연이 끝나고 무대를 내려와서도 극진한 대우를 받는다. 행여 상할세라 단단한 케이스에 담겨, 차를 탈 때에도 주인보다 먼저 오른다. 언젠가 연주자가 무대를 떠날지라도 그의 애장품으로 사랑 받게 된다.

아무도 그들이 나무로서의 생을 마감했다고 하지 않으리라. 나무에게도 내세來世가 있다면, 그들은 전생에 베푼 덕德으로 이렇듯 귀한 몸으로 다시 태어난 것일까. 사람과 다른 것이 있다면, 수종樹種과 자란 모습만으로 어떤 용도로 거듭날지 결정된다는 점이다.

그들은 인천항 8부두를 빠져 나오는 거대한 몸집의 트레일러에도 실려 있다. 열대 우림의 울창한 밀림 속에서 생을 마감했음이 분명한 아름드리나무다. 그들을 실은 차가 지날 때면 거대한 굉음이 지축을 흔든다. 옆 차선의 자동차는 서둘러 유리문을 올리고, 행인들은 인상을 찌푸린다. 거기에 실린 녀석조차도 곱지 않은 눈매로 바라본다.

오랜 항해에 시달린 그의 몸에는 원산지 표시가 낙인처럼 찍혀 있다. 그들은 향수에 잠길 겨를도 없이, 바닷가 야적장으로 실려 간다. 뙤약볕에 시달리거나 비가 내려도 그 큰 몸뚱이를 거두어 주는 이는 없다. 사위가 어두워지면 밤하늘에 드문드문 반짝이는 별을 바라보며 적도 부근의 고향 생각을 달랠 뿐이다. 어디가 뭍이고 바다인지 모를 어둠 속에서 보내야 했던 서러운 밤은 헤아릴 수도 없다. 몸의 습기를 태양과 해풍에 증발시킨 그들은 기중기에 매달린 채 옮겨져 어디론가 또 팔려 나간다. 더러는 낯선 이방인의 집에서 가구나 건축자재로 다시 태어나리라.

그들 중 튼튼한 놈은 광산의 갱도를 유지하는 버팀목으로 쓰이기도 한다. 한 번 쓰임 받으면 햇빛을 보는 일도 없지만 매순간 위험에 직면한 광부들의 목숨을 지킨다.

인고忍苦의 시간을 견뎌내기는 레일의 침목枕木도 마찬가지다. 매일 누군가의 떠남과 돌아옴을 위해 천문학적인 숫자의 중력을 기꺼이 안고 있다. 마음에 가라앉은 일상의 앙금을 걷어내고 한 줌 바람결에나마 생활의 활력을 얻고자하는 사람들에게 기꺼이 자신을 내준다. 그들의 몸을 딛고 달리는 열차는 서먹한 연인들 사이를 동반자로 바꾸어 놓기도 한다.

나무, 그들은 흙에 뿌리를 내리고 잎의 광합성으로 살아간다. 그러나 모든 나무들이 한 곳에 오래 뿌리내리는 것만은 아니다. 대부분은 사람들의 필요에 의해 각기 다른 용도로 쓰이기 위해 톱과 대팻날에 몸을 맡긴다.

사람도 각기 다른 삶의 몫이 있듯이 저들도 여러 형태로 다시 태어난다. 우리네 사는 모습도 저들처럼 다양한 모습이 아니던가.

그렇다면 나는 어떤 나무인가. 가까운 이에게 바이올린처럼 살갑게 다가가지도 못한다. 천성이 상냥하거나, 외모가 빼어나지도 않으니 관상용 분재나 근사한 정원의 수목도 아니리라.

내가 만일 나무로 태어난다면, 시골집 울의 아담한 싸리나무나, 마을의 고샅을 지키는 회양목이어도 좋겠다. 아니면 양지바른 묘지 둘레에 선 도래솔이 되어, 세상의 힘든 여행을 끝낸 망자亡者와 긴 대화를 나누고 싶다.

될 수만 있다면 어느 가난한 문사文士의 앉은뱅이 책상이라면 더욱 좋겠다.

(수필과비평 2001. 5, 6월호)

고독한 사나이

그라운드에 긴장이 감돈다. 객석은 적막하다. '둥둥둥' 울리던 북소리도 '대한민국'을 연호하던 함성도 멎었다. 중계를 지켜보는 내게 현장의 긴박함이 전해진다. 선수들은 저 난국을 어찌 타개할 것인가. 코너킥의 기회를 얻은 상대팀 선수들은 이를 성공시키기 위해 공 놓을 위치를 점검하고 있다. 태극전사들은 전원 수비 태세를 갖추고 골대 앞에 횡으로 늘어섰다.

상대팀의 공격수가 오른 발로 힘찬 슛을 날린다. 빠르게 흩어진 수비진의 틈으로 공이 날아간다. 골키퍼는 제비처럼 솟구치더니 오른손을 길게 뻗어 공을 멀리 날려버린다. 한 고비는 넘긴 셈이다. 나도 모르게 안도의 한숨을 내쉰다. 조금 전의 긴박한 상황은 응원단의 환호에 묻힌다.

이 때 나는 고독한 사나이를 주시한다. 헤아릴 수 없는 수많은 관중들이 운집할 때 그의 외로움은 더욱 도드라져 보인다. 동고동락한 동료 선수들이 함께 경기를 펼치고 관람석에선 사랑하는 가족과 친지가 가슴조이며 그를 지켜보리라. 또 열성팬들은 압도적인 응원을 보내고 있다. 그렇다고 그 외로움의 무게가 덜어질까. 골키퍼, 그의 임무는 상대방의 골을 방어하여 득점을 막는 것이다. 그는 키가 크고 손과 발이 민첩해야 한다. 시력도 좋아야 하고 체력이 강인해야 함은 물론이다. 경기 내내 상대의 골인을 막기 위해 능동적인 플레이를 펼쳐야 한다. 어떤 위기 상황에서도 침착성을 잃거나 대담성이 없다면 제 역할을 해내기 힘들다. 그라운드를 떠나기 전까지는 순간의 결정을 요하는 지난한 작업의 책임자이다.

지난 2002월드컵 기간 중 세계인들은 축구의 매력에 빠져들었다. 우리의 태극전사들의 승승장구 때문인지 전국이 축구를 향한 신열을 앓았다. 축구의 매력은 무엇일까. 바로 우리에게 잠재된 원시성을 통쾌하게 터트려 주기 때문이 아닐까. 선수들은 경기 내내 그라운드를 종횡무진 뛰어다니며 상대 진영을 흐트러지게 하고 거친 발놀림으로 공을 유린한다. 네트를 건드리거나 서브 방향이 어긋나서도, 손이 넘어가서도 안 되는 다른 구기 종목에 비해 축구는 자유롭다. 바람에 갈기를 흩날리며 초원을 넘나드는 야생마처럼 좌충우돌한다. 이것은 마치 원시의 수렵생활을 연상시킨다. 거기에 더해 미남 선수가 긴 머리를 휘날리며 공을 향해 달릴 때면 관객은 환호한다.

축구는 반복되는 생활에 활력을 준다. 거기에 더해 결과에만 집착하는 사람들에게 경기 과정을 되새기는 즐거움도 맛보인다. 그 뿐이랴. 내면에 억압된 응어리를 풀어헤치고 상상력을 마음껏 발산시키게 한다. 여유를 잃은 현대인들은 거미줄처럼 얽힌 제도와 답답한 규칙 속에서 생활한다. 그들 의식의 밑바닥에 잠재한 공격성과 폭력성을 충족시켜 주는지 모른다. 이만한 대리만족과 일탈의 체험을 어디에서 찾으랴.

점수체계 또한 단조롭다. 미드필드에서 공을 잡아 돌진한 후 많은 수비를 따돌리고 화려한 플레이로 공을 넣어도 1점이다. 물론 우연히 득점과 연결시켰다 해도 똑같은 1점으로, 어떤 상황에서 골을 넣었든지 1점만을 인정한다. 만루 홈런도 3점 슛도 축구에는 없다. 때론 골 하나를 얻기 위해 수십 분의 과정을 필요로 한다. 전후반을 통틀어 득점으로 이어지지 않는 경우도 허다하다. 때로는 연장전에서도 승패를 판가름할 수 없을 때는 골대를 향해 그저 공을 차면 된다. 이렇게 간단한 승부차기 경기 방식이 존재하는 축구는 단순함의 극치를 보여준다.

수문장은 드넓은 경기장을 누비며 팀플레이를 펼치는 다른 멤버들에 비해 늘 외롭다. 황당하게 골을 허락했어도, 수비가 불가능한 최악의 상황이었을지라도 실점은 실점이다. 지난 월드컵의 수많은 경기 중 브라질의 유명 선수가 십여 명의 수비를 제치고 골키퍼를 허수아비로 만들었던 멋진 장면이 떠오른다. 이처럼 한 순간의 허를 노린 상대방의 슈팅은 그를 무기력하게 만들어버린다. 자신의 부주의로 골문이 열렸을 때 감당하기 어려운 고뇌를 누가 아랴. 골문을 뚫으려는 상대팀과 온 몸을 날려 그것을 저지해야 하는 상반된 역할은 차라리 숙명이다.

지금은 어떤 시대인가. 우리들의 대부분은 디지털이라는 문명에 탑승하여 보이지 않는 코드에 의해 자신도 모르게 관리된다. 모든 것은 숫자와 등급화되고 금융기관은 친절하게도 우리의 신용정도까지 알려줌은 물론, 원치 않아도 거기에 상응한 대우를 한다. 또 필요한 여건을 갖춘다면 최소한의 원격조정으로 일상의 많은 부분이 해결된다. 이 첨단의 시대에 원시적인 운동량과 땀방울이 아니고서는 해낼 수 없는 단순하고 인간적인 경기에 사람들이 열광하는 것은 어쩌면 당연한 일이 아닐까.

중계 카메라가 다시 그에게 초점을 맞춘다. 백넘버를 중심으로 구도가 잡힌 화면은 그를 기점으로 사각의 골대와 아스라이 보이는 넓은 경기장을 비춘다. 상대 선수들은 벌떼처럼 돌진한다. 순식간에 그의 주변을 에워싼다.

적진에 홀로 선 외로운 명장名將. 그 경기의 핵인 고독한 골키퍼에게 느끼는 인간적인 연민을 감출 수 없다. 그는 내가 가끔 헤어나지 못하는 절대고독의 공감자가 아닐까.

(인천 펜문학 창간호. 2002)

2부

놀이터에서

해거름의 놀이터는 적막하다. 손바닥보다 큰 플라타너스 잎이 바람결에 나풀거린다. 우듬지는 하루가 다르게 하늘에 손을 뻗어 녹색 영토를 넓혀 간다. 방음벽 저편 6차선 도로에도 밤이 되면 질주하는 불빛이 되살아나겠지.

아파트 뒤편의 놀이터에 비스듬히 기울어지게 선 시소가 눈에 들어온다. 사선의 한쪽은 땅에 닿아 있다. 혼자서는 놀이할 수 없는 기구다. 놀이를 하려면 비슷한 몸무게의 사람끼리 앉는 것이 좋다. 무게가 다를지라도 방법은 있다. 무거운 쪽이 한 칸 앞으로 당겨 앉으면 된다. 중심에서의 거리를 잘 조절하여 어느 쪽으로도 기울지 않아야 한다. 결코 독주獨走를 용납하지 않는다.

거기엔 '견제와 균형'만이 있다. 시소에 앉는 동안에는 무게

중심에 충실해야 한다. 한 편이 강함을 내세운다면 놀이는 계속될 수 없다. 이런 게임의 법칙이 비단 시소 타기에만 적용되는 것이랴. 사람의 관계도 적절한 균형을 잃으면 지속되기 힘들다. 인위적인 노력으로 부자연스러운 관계를 유지할 수는 있을지 모르나, 그다지 즐거운 일이 아니리라.

그네를 흔들어 본다. 서서히 앞으로 나아간다. 이 때 고개를 쳐들어 하늘을 보면 현기증이 난다. 신선한 어지러움이다. 초등학교 시절 운동장의 그네를 타본 기억이 내게는 없다. 허공을 앞뒤로 가르며 맞는 상쾌한 바람결의 맛을 그때 알았어야 했다. 뒤늦게 맞은 기꺼운 퇴행은 그래서인지 더욱 재미있다. 그네는 멈추고 싶다하여 곧장 내려올 수 없다. 관성을 받은 속도가 늦추어지기를 기다려야 한다. 사다리를 밟듯 한 발 한 발 올라가 한 순간에 미끄러져 내리는 쾌감과 허망함을 주는 미끄럼틀도 있다.

놀이터의 즐거움은 이렇게 놀이기구에만 있는 것이 아니다. 그 곳은 하루를 되돌아보고 생각을 가다듬기에 맞춤한 장소다. 그늘 아래 벤치에 상큼한 바람결이 스치면 족하다. 지금처럼 한적하다면 더 바랄 것이 없다.

하늘을 바라본다. 서편 하늘이 온통 불덩이다. '에르바르트 뭉크'의 그림이 재연되는 듯 하다. '절규絕叫' 였다. 화폭의 삼분의 일을 차지한 붉은 하늘은 미친 듯 불타는 황혼이었다. 사선으로 그어진 검은 다리를 건너는 사람은 귀를 막고 절규했다.

죽음을 강렬하게 암시하는, 해골을 연상시키는 기괴한 얼굴이었다. 그러나 누구에게나 예고 없이 찾아올 죽음 앞에선 단독자가 바로 우리의 모습이 아니던가.

화가는 어린 시절 많은 가족의 죽음을 경험했다. 그 때문에 내면에 자리했던 죽음에 대한 두려움과 불안이 캔버스에 담겨 있었다. 그는 일그러진 형상과 혼탁한 붓질로 자신의 심리상태를 대변했을까. 그러나 아이러니컬하게도 그는 80세까지 장수했다니 삶 속에 죽음을 끌어안고 살았으리라.

뭉크를 털고 일어선다. 하늘은 점점 어두워진다. 진한 군청색이다. 언제 켜졌는지 모를 감귤빛 가로등이 번진다. 비가 오려는지 수상쩍은 바람이 불어댄다. 바람이 흔드는 대로 이리저리 몰리던 잎들이 선심을 쓰듯 부채만 한 하늘을 보여준다.

그 가운데로 별 하나가 보인다. 그다지 밝은 별은 아니다. 알려진 별자리도, 근사한 빛을 발하는 것도 아니다. 사람의 무리 속에서 두각을 나타내는 것도 아닌, 나와 같은 평범한 별인가 보다.

긴 직사각형의 나무 의자에 앉아 본다. 등받이도 없다. 평평한 의자는 길이가 내 키와 비슷할 듯 싶다. 한 번 재보고 싶어 슬며시 누워 본다. 두 팔을 붙이니 한 몸 눕히기에 맞춤하다.

가까스로 몸을 돌려 누워본다. 옆으로 20층 건물이 비스듬히 보이고 밤하늘도 좁아졌다. 평소에는 올려다보면 머리가 아찔할 정도로 거대해 보이던 아파트였다. 계속 올려다보기가 버거울 정도로…. 오늘은 아니었다. 누워서 바라본 건물은 높지도 거대하지도 않았다. 그곳에서 토닥거리며 사는 수많은 사람들, 몇 년을 아니 수십 년에 걸쳐 마련했을 소시민의 안식처는 그저 아담한 시멘트 건물이었다.

어둠은 점점 시야를 좁혀온다. 내가 누운 나무의자는 어느새 편한 요람이 된다. 마지막 내 몸을 뉠 칠성판七星板이 아닐까. 북두칠성을 본 따 일곱 개의 구멍을 뚫는다던가.

마음이 평온해진다. 굳이 저 시멘트 집 속에 들어가지 않아도, 이대로 사라진다 해도 큰 일은 없을 것 같다. 갚아야 할 빚이 있는 것도, 그렇다고 누구에겐가 받아야 할 큰돈도 없다. 이 달에 사용한 카드 대금이야 액수가 엇비슷한 통장 잔고에서 자동 인출될 것이다. 그러나 나만의 비밀번호로 로그인해야 하는 사이버 공간 속의 내 우편함은 열리지 않을 것이다.

이 순간 죽음이 손을 내민다면 기꺼이 악수할 것 같다. 어둠과 함께 이대로 땅 속 깊은 곳으로 사라져도 좋으리라는 유혹마저 느낀다. 삶 속에 죽음을 끌어안았던 것은 뭉크, 그만은 아니었던가 보다. 37동 놀이터에 시나브로 어둠이 덮인다.

(鶴山文學 2002. 여름호)

질주疾走

잠에서 깬다. 새벽 2시가 지났다. 실내는 어둠과 정적 뿐이다. 다시 잠들기를 마다하고 거실로 나간다. 주방 쪽의 창문이 밝다. 밖을 내다보니 한낮처럼 분주하다. 찻집 '가을꽃 겨울나무'의 네온도 환하다.

꼬리를 물고 달리는 자동차들을 본다. 어디로 향하는 것일까. 신호에 대기하기도 조급한 모양이다. 심야에 속도를 늦추지 않는 자동차가 많다는 것이 새삼스럽다. 멈추어 있었던 것은 나뿐이었을까. 자정이 지났음에도 잠들지 않은 사람들, 저들의 질주는 언제 멈출 것인가.

사람들은 달린다. 에스컬레이터는, 왼편 한 켠을 속도를 지향하는 자들에게 내어준 지 오래다. 사람들은 그 위에서도 걷는다. 아니 달린다고 함이 적절하다. 빨리 갔다고 해서 전철을 먼저 탈 수 있는 것도 아니다. 열차가 홈에 들어와야 탈 수 있다. 여유를 잃은 도회인은 매순간 타인의 속도에서 이탈하는 것 자체가 불안한 것일까.

전철 1호선에 급행 구간이 있다. 승객들은 많은 역을 경유하지 않고 통과하는 급행 노선만을 선호한다. 모든 역을 정차하는 열차는 언제부턴가 완행으로 불리지만, 그것이 정규 노선이다.

사람들은 역마다 멈추어 타인들이 승하차하는 데 걸리는 시간을 허용하지 않는다. 두 개의 열차가 동시에 홈의 양쪽에 정차해 있기라도 하면 재빠르게 바꾸어 탄다. 시간으로 따지면 길어야 10여 분인 것을…. 자신이 목적지에 이르기 위해 거쳐야 하는, 더디지만 당연한 과정을 거부하는 것은 아닐까.'자본주의와 느림은 상극'이라는 밀란 쿤데라의 말을 떠올리면 저들은 모두 자본주의의 속성에 자신도 모르게 젖어 살고 있음이 분명하다. 그러나 이렇듯 속도만을 추구하는 이들이 과연 나와 다르다고 할 수 있는 것인가. 퇴근길, 약속 장소가 1호선 부근이면 그것을 타는 것이 최대 목표인 양 서두르지 않았던가.

불확실한 미래는 우리를 불안하게 한다. 자신을 끊임없는 속도전의 최전방에 배치하기를 주저하지 않는 것도 그 때문이 아닐까. 속도 위주의 삶이 바람직한 것은 아니리라. 사실은 조금 느리게 몇 걸음 뒤처진다 해도 달라질 것이 없다. 속도를 잃은 멈춤의 순간이 두려운 것이리라. 이는 일정한 박자를 유지하기 위해 쉴새없이 움직이는 메트로놈(metronome)과 다르지 않다.

'무위無爲' 라는 말이 생각난다. 오래 전 서예에 열중했을 때 그 어휘를 조롱박 표면에 굵은 예서체로 써놓고 매듭을 만들어 벽에 걸어두었다. 그것을 보며 인위적인 지혜나 힘을 더하지 아니한, 평화로움에 젖어드는 자신을 발견하는 것은 작은 기쁨이었다. 현상을 초월한 듯한 텅 빈 충만에 잠기곤 했다. 지금은 그런 마음의 여유가 내게는 없다. 무언가를 하지 않으면 불안하다는 이들처럼, 늘 자신을 옥죄이는 그림자에서 벗어나지 못하고 있다.

질주에는 남을 배려하는 마음이 자리할 수 없다. 급행의 속도에 자신을 내맡기고 있노라면 맹인용 지팡이를 조심스레 두드리며 동전바구니를 내미는 거친 손이 있다. 간혹 만나는 그들의 남루함을 외면하는 것을 당연시 여긴다. 과도한 속도 경쟁의 사회 분위기는 타인을 배려하기보다는 모든 일에 남들보다 한 발 앞서기만을 강요한다.

느림의 미학을 읊은 한시漢詩가 떠오른다.

山行忘坐坐忘行　산행망좌좌망행
歇馬松陰聽水聲　헐마송음청수성
後我幾人先我去　후아기인선아거
各歸基止又何爭　각귀기지우하쟁

— 송익필宋翼弼의 '산행山行'

산길 가다보면 쉬는 걸 잊고 쉬다보면 갈 줄을 모르는데
소나무 그늘에 말 쉬게 하고 강물 소리를 듣네
뒤에 오던 몇 사람이 나를 따라 앞섰으나
제각기 제 길 가니 그 무슨 상관이랴.

산길의 정취를 즐기는 옛 선비의 유한幽閑함이 담겨 있다. 사람들은 목적지를 향해 질주하다 보면 쉬지 않고 부지런히 앞만 보고 가게 마련이다. 누가 쫓는 것도 아니련만 어쩌자고 모두들 초조하게 앞만 보고 달려가는 것일까. 물론 잠시 쉬는 사이 뒤에 오던 사람들이 나를 앞질러 갈 것이다. 그러나 결국 자신의 목적지에 도착하면 그만이리라. 과도 경쟁의 시대도 아니었던 1500년대를 살았던 선비의 여유로움이 멋스럽게 느껴진다.

이제 단순해지고 싶다. 지금 당장 해치우지 않으면 안 되는 일로 여겼던 일들은 사실 착각인 경우가 많다. 당면한 일들과 적절한 거리를 두고 단순함을 즐겨볼 만하다. 그러나 여기에서의 단순함이, 복잡함을 합리적이고 이성적으로 처리하는 것이라면 이런 의도적인 단순함은 도리어 부담일 수 있다.

나의 속도를 찾아야겠다. 질주하는 세상에 편승하여 망각하고 있었던 나만의 속도를 꼭 찾고 싶다. 시간은 항상 거기에 있다. '게으를 수 있는 권리'는 근래 번지고 있는 '느림의 미학'과 함께 유행처럼 사라질 어휘는 아닌 듯하다. 천천히 깊은

생각에 잠겨 산보하듯 모든 걸 제쳐두고 싶다. 느림 속에 자신을 방치하고 속도에서 이탈해도 아무 일도 일어나지 않는다는 사실을 확인하리라. 이미 질주에 익숙해져 나만의 속도를 찾는 것이 쉽지는 않겠지. 남들보다 다소 늦었다고 해서 항상 뒤처지는 것만은 아닐 것이며, 많은 이들이 앞지르겠지만 언젠가는 나도 목적지에 이를 것이다.

오늘도 1호선을 탈 것이다. 그러나 굳이 급행열차만을 고집하지는 않을 작정이다. 레일을 구르는 느릿느릿한 마찰음으로 미끄러지는 완행열차에 앉아 시계를 쳐다보지 말아야겠다. 느림 속에 나를 방치하며 선인의 시처럼 말을 멈추고 소나무 그늘에서 물소리도 들을 것이다. 앞질러 가는 이들의 뒷모습과 타고 내리기를 반복하는 수많은 사람들을 하릴없이 바라볼 것이다. 잡상인들의 소리에도 귀 기울여봐야겠다.

시나브로 날이 밝아온다.

(수필과비평 2003. 3, 4월호/ 2003'문제수필'선정-한국비평문학회)

다나이드

나신裸身은 뒷모습이다. 굽이치듯 늘어진 머리칼과 유연한 등의 곡선이 물결친다. 매끄러운 대리석 여체 위로 조명이 조심스레 비춰진다. 숨을 죽인다. '오귀스트 로댕(Auguste Rodin)'의 조각 〈다나이드 Danaid〉를 바라본다. 잔뜩 웅크린 채 고개 숙인 그녀의 옆구리로 물이 쏟아지고 있다. 흘러내린 물과 풀어헤친 머릿결은 받침돌이 빨아들일 듯, 아니 인체가 돌에 침잠되어 한 덩이가 되었다. 차가운 돌덩이에 묻혀 죗값을 치르는 여인의 모습에서 절망감이 느껴진다. 작가의 비관주의적 경향 때문만은 아니다.

다나이드는 그리스 신화에 나오는 다나오스 왕의 딸들이었다. 왕은 사위들에 의해 자신이 죽게 되고 왕국이 멸망할 것이라는 예언을 받고 두려움에 떨었다. 생각다 못해 50명의 딸들을 이집트 왕자들과 결혼시켜 첫날밤에 모두 그들을 살해하도록 했다. 결국 단 한 명을 제외한 딸들은 남편을 죽였다. 비극은 거기서 끝날 리 없다. 그녀들은 남편을 살해한 죄로 구멍 뚫린 항아리에 물을 가득 채우는 벌을 받게 된 것이다. 영겁으로 치달을 수밖에 없는 끝없는 형벌이었다.

고통 받는 이의 모습이 저처럼 아름다운 것은 무엇 때문일까. 파토스로 가득찬 생의 질곡을 느끼게 하는 로댕의 다른 작품에 비추어, 〈다나이드〉는 관능적이다. 여인의 힘으로는 벗어날 길 없는 슬픈 운명, 지금 그녀를 일으켜 세울 수 있는 것은 무엇일까. 항아리에서 속절없이 흘러나오는 물을 보며 저것을 물 속에 던져 형벌의 굴레에서 벗어날 수 있다면 그렇게라도 해주고 싶다.

그녀의 영혼의 떨림을 감지한다. 아니 내가 떨고 있다. 이른 아침 전시관의 찬 실내 공기 때문만은 아니다. 이 순간 〈다나이드〉는 신화의 주인공이 아니다. 숙명처럼 로댕에서 풀려 나오지 못한 여인 '까미유 끌로델'을 조각품에서 본다.

이제 그녀는 까미유다. 지금 이 순간 나에게는 로댕의 예술적 업적보다 우수에 찬 그녀의 얼굴이 더 마음에 와 닿는다. 사람을 빨아들일 것만 같은 텅 빈 큰 눈과 어두운 표정을 떠올린다. 지금 엎드려 오열하는 저 여인은 자신을 받아들이지 않는 세상을 향해, 아니 로댕을 향해 절규한다. 좌절된 삶과 사랑에 대한 몸부림, 운명에서 벗어나려는 몸짓도 아마 저렇게 처절했으리라.

까미유는 어린 시절부터 점토 만지기를 좋아했다. 흙과 돌에 대한 본능적인 애착을 지녔던 그녀는 조각가로서의 천성적인 재질을 가졌다. 어린 딸의 창조력 비범함이 우환을 몰고 올 것이라 예상한 어머니는 까미유를 차별했다. 그녀의 폭발적인 창조의 원천은 이렇듯 억눌려왔고, 삶의 많은 부분을 지배했으리라.

그들이 만날 당시인 1883년 당시 로댕은 43세였고, 까미유는 19세였다. 로댕은 건축 장식물에 지나지 않았던 조각에 감정을 불어넣어 조각에 대한 상식을 뒤엎었다. 까미유는 그가 오래 전부터 갈구해온 여인상이자 자신의 예술을 전수할 만한 여인이었다. 한편 그녀에게 있어 로댕은 자신의 재능과 열정을 이해해주는 스승이며 동지였다. 또한 열정을 바쳐 사랑한 사람이었다.

그러나 둘 사이에는 각자 키워가야 할 자신들만의 예술세계가 있었다. 로댕과의 공동작업 시기에 는 각자 맡은 부분의 식별이 어려울 정도로 유사했다. 이 때의 작품들은 비평가들의 논란의 대상이 되기도 했다. 그녀의 예술적 활약이 커지기 시작한 이때는 20대 중반으로 사제간의 사랑과 갈등 또한 심화되기 시작했다. 또한 로댕의 다른 동거녀 때문이었는지 둘은 결국 헤어졌다. 로댕은 젊음과 재능을 바친 까미유의 사랑을 이용해 그녀의 창작력을 훔쳤다는 세간의 비난을 면할 수 없었다.

누군들 타인의 사랑을 단정할 수 있으랴. 우유부단하고 불분명한 태도를 보였던 로댕 역시 그 사랑의 희생자가 아니었을까. 까미유가 자신의 정열을 끊임없이 표출하고 열망했을 때 로댕은 자신의 감정을 숨긴 채 작업에 몰두했다. 당사자가 아니고서는 온전히 그의 입장을 이해할 수 없는 일이다. 성공과 명예를 얻은 로댕에게 그녀와의 스캔들과 표절 의혹은 큰 부담이었으리라. 그렇다면 자신의 고통에 맞서 세상으로부터 자신을 유리시키며 이루지 못할 사랑과 작품에 매달렸던 까미유가 도리어 행복한 사람이 아니었을까.

로댕과의 결별 이후 까미유의 작품세계는 황폐해졌다. 경제적, 정신적으로 지친 그녀는 창작활동을 중단하고 잠적했다. 이것은 생의 끝으로 치닫는 비극의 시작이었다. 거기에 더해 우울증과 피해의식은 그녀를 방황하게 만들고 급기야 정신병원에 가게 된다. 그녀는 '로댕이 나의 재능을 두려워 해 나를 죽이려 한다.'는 강박관념에 사로잡혔다. 이미 이성과 영감은 마비되어 버렸으니, 그곳에서 33년 간 감금상태와 다름없는 생활을 하다가 쓸쓸히 죽어갔다.

연인으로 보이는 두 사람이 전시품 〈다나이드〉를 바라본다. 나는 그들에게서 좀 멀리 발길을 옮긴다. 웅크린 그녀의 모습은 작아지고 상상 속의 '까미유'만이 내 마음에 가득하다. 다른 작품들 앞에 섰으나 좀체로 감상에 몰입할 수 없었다. 다나이드가 껴안은 저 항아리는 로댕을 향한 까미유의 집착과 욕망의 은유가 아닐까. 그녀와 신화 속의 여인이 하나가 되는 혼돈에 사로잡힌다. 그도 그럴 것이 당시 로댕의 작품의 섬세한 부분이 그녀의 손길을 거쳤으니, 자화상을 조각하는 마음으로 작업했으리라.

그녀에게서 로댕을 지우고 싶다. 19세기 최고의 여성 조각가였음에도 세인들에게 로댕의 여성편력에서 거론되는 연인이자 작업 모델, 조수로 머무르고 있는 것은 아닌지…. 치열한 예술혼은 뒤에 가린 채 미모와 재능을 겸비한 비극적 여인이라는 주홍글씨를 지우고 싶다. 강한 이미지의 여성 예술가로 홀로 선 그녀의 모습을 상상한다. 예술과 사랑을 향해 돌진했던 열정적인 사람, 자신의 모든 것을 완전히 소진한 영혼과의 사투를 보인 한 여인의 생애를 떠올리며 전시장을 벗어난다.

계단을 내려오니 한 겨울의 추위를 녹일 만큼 뜨거운 그녀의 외침이 들린다.

"나는 당신의 조언이나 가르침은 싫습니다. 난 내 가슴속에서 느끼는 것을 표현할 뿐입니다."

(에세이 문학 2003. 가을호)

아날로그, 건널 수 없는 강

디지털 시계

잠결에 뒤척이다 시계를 본다. '2:45' 벽에 걸린 직사각의 전자시계는 충혈된 숫자만을 보여준다. 방안에 있는 것이라기보다는 저자거리의 전광판 같다. 셈과 공간 지각력이 무딘 탓에, 잠결인지라 기상 시간까지 얼마나 남았는지 선뜻 감이 오지 않았다.

돌아누워 협탁의 낡은 탁상시계를 본다. 길고 짧은 두 개의 바늘이 연두색 형광빛을 조심스레 발한다. 두 개의 바늘과 촘촘히 나뉘어진 작은 금들은 얼마나 더 자도 되는지 가늠하게 한다. 그제서야 안도한다. 이제부터 더 잘 것이다.

잡다한 생각에 잠은 달아났다. 돌아오기를 기다리다가 하는 수 없이 내가 잠을 버린다. 거실로 나가 최소 볼륨으로 오디오를 켜고 컴퓨터의 시작 버튼을 누른다. 심야의 FM을 찾고자 튜닝해보지만 주파수가 걸리지 않는다. CD를 즐겨 들었기에 고정되지 않았던 모양이다. 싸이클을 맞추는 방식이 아닌 버튼으로 주파수를 맞추기가 용이하지 않다. 버튼을 몇 번 눌러대다가 디지털의 위력에 굴복한다. 예전에 천천히 다이얼을 돌려가며 주파수를 맞추던 때가 나았다. 오디오를 끈다.

정적을 깨는 느닷없는 울림이 싫어 알람을 설정해 놓지 않아 이처럼 잠자리를 뒤척인다. 기상 시간에 늦지 않으려는 강박관념 때문이다. 요즘에는 새소리 물소리를 연상케 하는 고운 소리도 많지만 그로 인해 상쾌했던 기억은 별로 없다.

슬그머니 벽의 디지털 시계를 내려놓는다. 거스를 수 없는 디지털 시대의 조짐들이 꼬리를 물고 연상된다.

다운로드 시대

작년 이맘때였나. 아이는 MP3를 사겠다고 했다. 성냥갑만한 그것을 통해 컴퓨터에서 음악을 받아 저장한단다. CD플레이어라면 몰라도 듣고 싶은 음악을 수시로 리필한다는 것이 당시에는 선뜻 이해되지 않았다. 온라인의 편리함을 들추는 것 조차도 식상한 때다. 필요한 것들의 대부분은 컴퓨터에서 해결할 수 있으며 그것을 다운로드해서 쉽사리 내 것으로 만드는 세상이다. 복사에 복사를 거듭한 파일이 소리도 없이 둥둥 떠다닌다.

뭔가 허전하다. 듣고 싶은 곡목을 적어 녹음을 신청하던 시절이 있었다. 테이프 한 개에 좋아하는 곡들을 모아 듣기 위함이었다. 또 LP판을 꺼내 닦고 자켓 모서리가 닳지 않도록 청테이프로 붙여놓고 그것들을 수집하는 재미 또한 쏠쏠했다. 그것도 모자라 음악다방에서 DJ에게 신청곡을 내밀고 그 곡이 언제 나오려나 조마조마했다. 아날로그식 음악 감상법이다. 음악 한 곡을 얻기 위해 치루어야 했던 고단함은 즐거웠던 옛일이 되었다. 이제는 인터넷을 통해 사이버 자키들이 실시간으로 신청곡을 들려주기도 한다. 어느 곳에서나 동시에 대화를 나누며 같은 음악을 들을 수 있는 시대에 살고 있으나 왠지 허전하다. 편리함과 바꾼 소중한 기억들이 많기 때문일까. 컴퓨터에서 음악을 다운로드하는 아이를 볼 때면 묻고 싶다.

"니들이 그 맛을 알어?"

콘서트에서

아날로그 가수로 연상되는 이가 있다. 음유시인으로 불리는 그는 시인들이 뽑은 제일의 작사가이기도 하다. 정태춘. 그가 음악을 시작했던 이십오 년 전은 나의 청년기였다. 아내 박은옥과 함께 자신들만의 음악 세계를 지키며 세월을 입어가는 과정은 들꽃처럼 소박해 보였다.

며칠 전 그들의 콘서트가 열리는 정동 세실극장을 찾았다. 여느 가수의 콘서트에 비하면 독특한 분위기였다. 초기의 서정성을 넘어 도시 빈민과 삶의 근원적 고통을 외면하지 않는 노래로 고단한 삶을 어루만져주었다. 관객들도 한 템포 느린 속도를 즐기는 듯한 중, 장년이 많았다. 자신들의 노래는 자본주의에 아무런 도움이 되지 못한다는 그의 말은, 도리어 자본주의의 소금처럼 파고들었다. 조용한 외침이었다.

오래 전부터 '북한강에서'의 그의 웅얼거림은 나의 정서와도 무관하지 않았다. 생각이 많은 이가 쏟아내는 독백처럼 느껴졌다. 당시 나는 그가 음악을 오래 할 수 없을 것이라고 생각했다. 그의 음악성은 대중과 다소 거리를 유지한 듯 보였고 일반인들이 흔히 연예인에게 기대하는 '끼'가 없었다. 그것은 기우였다. 서정과 현실풍자의 직설에서 느끼는 카타르시스를 공감해 보라.

그의 콘서트는 아날로그식이었다. 관객의 혼을 빼놓을 듯 전자음의 소용돌이가 객석을 휘도는 공연과는 사뭇 달랐다. 디지털이 세포분열의 속도로 세를 확장해 가는 시대지만 앞으로도 그들은 별반 다르지 않으리라. 첨단의 무대장치나 온갖 디지털 기기로 무대를 뒤덮는 공연이 아닌 그저 목소리와 기타만으로 충분했다. 요즘 대부분의 콘서트는 유명 연예인을 게스트로 초청해 분위기를 돋우고 음악보다는 이벤트라 함이 어울릴 화려한 쇼를 연출한다. 현란한 대형 스크린과 조명에 관객들은 열광한다.

인상적인 것 중의 하나는 공연 중간의 휴식 시간에 관객을 위한 한 잔의 막걸리였다. 그것은 아날로그 시대의 대표적인 술이 아닌가. 대중 매체에 얼굴을 비추기보다는 늘 소외되고 어려운 이들의 삶터에 함께 하는 그들의 노래를 들을 수 있는 세상이라면 정녕 아름답지 않는가.

젠가 게임

지난 겨울 싸이판에서다. 밤 바닷가의 별을 헤는 것도, 원주민의 놀이 구경도 하루 이틀이었다. 붉게 취한 필리핀해의 해넘이가 지나면 작은 섬의 저녁은 길었다. 그래서 늘 호텔 로비의 각종 놀이기구에 붙어있곤 했다. 그 중에 아이들이 환호하며 달려든 것이 '젠가'였다. 도구라야 새끼 손가락만 한 나무토막 수백 개가 전부였으며 놀이 규칙 또한 단순했다. 한 층은 가로로 또 한 층은 세로로 엇갈리게 나무들을 차곡차곡 쌓은 후, 미세한 손놀림으로 흔들림 없이 나무토막을 빼내는 놀이였다.

그것은 단조로울 것이라는 예상과는 달리 흥미진진했다. 일정한 부피의 토막들이 빈틈없이 쌓인 곳에서 한 개씩 빼낼 때는 긴장감에 손이 파르르 떨렸다. 정교한 소근육을 요하는 것이었으며, 보는 이들 또한 숨을 죽였다. 놀이 인원도 자유롭고

벌칙도 무궁무진하니 응용하기 나름이었다. 가족이 이렇듯 한 곳에 집중하여 놀아본 것은 설날의 윷놀이 말고는 없었다. 특정 메카니즘의 개입없이 서로 얼굴을 맞대는 이런 인간적인 놀이가 있었다니….

주도면밀하지 않은 성향을 증명하듯 내 순서에 와서 그것들은 와르르 무너지곤 했다. 승부근성이 없는 나는 그것도 즐거웠다. 패자가 여행 후 3일간의 설거지를 하기로 했으나 그 드한 평소 나의 일거리였으므로 게임에 졌다한들 별반 달라진 것도 없었다. 다만 대표적인 아날로그 성향의 놀이인 '젠가'에서 아날로그의 팬인 내가 한 번도 이기지 못했다는 것이 애석할 뿐.

건널 수 없는 강

고속철의 시대라며 뉴스를 전하는 앵커의 목소리가 높다. 경제 개발의 물꼬를 튼 경부고속도로를 아날로그 방식에 비유한다면 고속철의 개통은 디지털에 견줄만한 속도 혁명이다. 그러나 초기의 시행착오 때문인지 운행에 여러 가지 문제가 발생하고 있다.

하루가 멀다 하고 시장에 쏟아지는 디지털 상품들은 이처럼 편리함을 주는 한편 우리에게 문화적 혼란을 겪게 한다. 사람들은 새로운 기술의 탄생에 너나없이 관심을 기울이고 그것의 기능을 익히느라 시간을 할애한다. 이러한 신기술은 수용성이 높은 신세대와 기성세대간의 간격을 더욱 멀게 한다.

그 둘의 가치는 어느 것이 좋고 나쁘고가 아닌 서로 고유의 영역이 있다. 예를 들면 지하철이 멈추거나 엘리베이터가 움직일 때 제어는 디지털이지만 출력은 아날로그라고 한다. 아날로그의 어원이 '유사하다(aualogous)', '닮았다'에서 기인한 것이니, 모든 것을 숫자로 표현할 수 있는 디지털에 비해 극복할 수 없는 물리적 한계도 많다. 디지털 또한 무수한 장점을 살리고 궁극적인 발전을 위해서는 자연에 보다 가까운 아날로그를 접목해야 하리라.

디지털에 대한 끝없는 수요와 수많은 편리성에도 불구하고 우리는 인간적인 너무나 인간적인 아날로그를 벗어날 수 없다. 대화와 글을 읽고 쓰는 것, 악기 연주와 요리하기…. 이처럼 작은 즐거움들은 아날로그에 가깝다. 어쩌면 삶의 영원한 본질은 아날로그일 것이다. 그 강에 발을 담글 때 비로소 평안하다. 우린 이미 아날로그의 강을 건너온 듯하지만, 그것은 영원히 건널 수 없는 강이 아닐까.

(수비작가회의동인지 2004. 8)

이제라도 미치고 싶다

누구나 한번쯤은 지독하게 가슴 아린 벽癖의 광기에 빠지고 싶을 터, 지난 가을 이에 대한 대리 만족을 주었던 것은 ≪미쳐야 미친다≫라는 책이었다. 미치지 않으면 미치지 못한다(不狂不及)라는 말에서 기인한 정민 교수의 그 책을 펼치자, 좋은 일에 '미쳐' 도를 깨닫는 아득한 경지에 '미친' 인간들이 악수하자며 손을 내밀었다. 대부분이 18세기의 조선 남정네들이었으나, 21세기였기에 그나마 가능한 일이었다.

나는 뒤늦게나마 터진 남복男福의 기쁨을 감추지 못하고 누구 손부터 먼저 잡아야 할지 잠시 망설이다가, 무식한 책 읽기로 회자되곤 하는 김득신金得臣을 위시하여 건장한 조선의 남성들과 차례로 악수를 나누었다. 그러다가 정약용 등의 '맛난 만남' 편에 이르러서는 너무도 인간적인 선생의 면모에 빠져

포옹도 불사했다.

김득신은 36편의 책을 각각 1만 번에서 10만 번 이상 읽었다. 둔재鈍才로 통하던 그의 책읽기는, 지적 편식이나 편집적 욕망에 머무르지 않고 천하를 읽는 경륜으로 이어졌다. 한번은 시를 짓다가,

> 풍지조몽위風枝鳥夢危
> – 바람 부는 가지에 새의 꿈이 위태롭고

이 한 구절을 읊고 나서 여러 해 동안 대구를 잇지 못해 고심했다. 그러던 어느 날 제삿술을 올리다가,

> 노초충성습露草蟲聲濕
> – 이슬 젖은 풀잎에 벌레소리 젖누나

이런 구절이 떠오르자 감격한 나머지 잔을 들어 훌쩍 마셔버렸단다. 그 시절 제사가 생활에서 차지했을 비중과, 엄숙한 곳에 먼저 올려야 할 술을 단숨에 마셔버린 사나이를 떠올리자니 웃음이 나왔다.

한 구절의 시구를 위해 몇 년을 기다린 그의 일화는 나와는 너무도 대조적이다. 수필 한 편을 구상하면 늘 무언가에 쫓겨 마무리해야겠다는 급한 생각에 일을 그르치기 일쑤인 내게는

큰 자극이었다. 고이지도 않은 샘에서 물을 떠올리려고 바닥을 긁기는 예사이고, 내 것이 되지도 않은 설익은 것들을 내 것인 양 포장하여 얄팍함을 감추려했던 글쓰기를 떠올리자니 탄복이 절로 나왔다.

또한 꽃에 미쳐 평생을 온종일 관찰한 꽃술의 모양을 그림과 글로 옮긴 김덕형, 굶어 죽은 천재 과학자 김영도 있었다. 그 뿐인가. 유배지에서 아내가 보낸 낡은 치맛자락에 시화를 써 자식에게 보내던 다산茶山의 모습과 사제 간의 연緣을 사후까지 이어간 황상과의 만남을 떠올릴 때면 마음 속에 한 자락 강줄기가 흘렀다.

지적 갈등이 심했던 당시의 양반사회를 지배했던 정서인 '과유불급過猶不及'은 신분사회의 기득권 유지의 방편으로 사회의 불만을 억누르기에 적합했으리라. 그런 시대에 조선의 마니아 집단을 벽癖이라는 새로운 코드를 통해 들여다볼 수 있었던 것은 무척 흥미로웠다. 그들은 200년의 시간을 훌쩍 넘어 박제된 역사 속의 인물이 아닌, 내 곁에서 생생하게 숨 쉬는 현재의 인물이었다. 그들은 세상이 알아주지는 않았으나 정신의 칼날을 푸르게 세워 자신의 세계를 갈고 닦았던 치열한 영혼의 소유자들이었기에 가난과 신분의 질곡에서도 자기 확신으로 생의 전 질량을 바쳐 주인이 되는 삶을 살 수 있었으리라.

각자 책에, 글에, 진리에 미쳐 자신들만의 경지를 구축한 지식인들이었으나, 세상은 그들의 편이 아니었던 모양이다. 주류에 편입되지 못한 채 경계인으로 남게 된 그들은 시대와의 불화로 불행해 보였다. 그러나 진정 행복한 이들은 그들이 아니었을까.

남은 책장의 갈피가 얇아질수록 무언엔가 미친 그들은 행적은, 뚜렷한 지향없이 시간의 강을 따라 수동적으로 흐르고 있던 내게 조용한 외침으로 다가왔다. 그러더니 수시로 빠져드는 나태와 시들한 일상의 무기력에서 벗어나라며 등 뒤에서 죽비竹篦를 내리쳤다.

논어를 빗대어 박지원 선생이 한 말이 떠오른다.

> "저들이 기예를 가지고도 족히 그 목숨과 바꾸었으니,
> 아아 아침에 도道를 들으면 저녁에 죽어도 좋은 것이다."

올 겨울은 때 아닌 목련과 개나리가 피었다. 봄꽃 피는 겨울의 혼미함 속에서 미래에 변함없이 우리 곁에 남는 것은 과연 무엇일까 하는 생각에 잠시 어지러웠다.

이 혼돈의 시기에 사람들은 문학의 위기를 말한다. 그것은 인간의 위기이기도 하다. 이 위기의 시대에 무엇엔가 '미치지' 않고 산다는 것도 쉬운 일만은 아니다. 게으른 나는 해를 거듭할수록 쓰는 일이 어렵다. 한때는 신명나는 일이리라 착각한 적도 있었기에 그 시절의 치기가 그립다. 그렇다면 이제라도 제대로 미쳐볼 일이다.

(2005. 신곡문학상 본상 수상소감)

군상群像

– '고암 이응로 탄생 100주년 기념전'에서

고암顧庵, 이응로李應魯선생의 탄생 100주기를 기념하는 전시회가 열렸다. '다시 고암을 생각한다' 라는 주제로 덕수궁 미술관에서 열리는 이번 전시는 20년대 사군자 문인화로부터 시작하여 사실주의적 회화, 반추상을 거쳐 80년대 '군상' 연작에 이르기까지 한눈에 감상할 수 있도록 구성되었다. 재료와 구도의 제약을 뛰어넘어 서구 추상 미술과의 집요한 조화를 추구했던 그의 그림 편력과 삶의 여정을 따라갔다.

후반기의 대표작으로 꼽는 '군상群像' 앞에 섰다. 사진으로만 보았던 작품 앞에 서니 가슴이 뛰었다. 광주민주항쟁을 시발로 제작했다는 '군상' 시리즈는 특정 사건으로 자리매김하기보다는 익명의 다수가 공감하는 자유에 대한 갈망처럼 보였다. 선생 작품에서의 주제 표현은 이처럼 직접적인 상황 묘사가 아닌

함축적 필묵의 세계로 회귀하고 있었다.

캔버스는 인산인해였다. 다리를 쭉쭉 뻗으며 물살을 가르는 개구리인 양 그들의 수는 헤아릴 수도 없겠다. 농담濃淡이 다른 먹빛의 수많은 사람들이 각기 다른 움직임으로 어딘가를 향해 뻗어갔다. 분절된 듯하다가 힘차게 이어진 그들의 팔다리가 역동적이었다. 해질녘이면 금남로로 도청 앞으로 모여들던 민초들이 덕수궁 현대미술관의 전시실에 박제된 채로 걸려 있었다.

그 날의 함성이 재연되었다. 치안 부재의 상황에서 행방불명된 아들을 찾아 울부짖는 아낙은 실성한 듯 알아들을 수 없는 말을 쉴 새 없이 중얼거렸다. 상무관에서 가족의 시신을 확인한 초로의 남자는 초점 잃은 퀭한 눈빛으로 걷고 있었다. 5월 광주의 군상들이 그 안에서 출렁댔다. 화폭에서 뿜어져 나오는 생명력의 근원은 무엇일까. 그것의 호소력은 군중들의 함성과 절규를 담은 민중화가의 대형 걸개그림보다도 덜하지 않았다. 오직 수묵水墨만으로 저만한 생동감을 담아낼 수 있다는 사실이 새삼스러웠다.

온몸으로 시대의 아픔을 치른 사람이 아니라면 불가능한 일이리라. 고암 선생은 1904년 충남 홍성에서 태어나 1989년 타계하기까지 파란 많은 시대를 살며 화가로서 큰 족적을 남겼다. 그는 해강海岡 김규진金圭鎭 문하에 입문하여 사군자의 화법을 답습하는 것으로 그림공부를 시작했다. 그러던 어느 날

밤, 바람에 흔들리는 대나무 숲에서, 예술이란 관념적 모방이 아닌 개성적인 창조임을 깨달았다. 이러한 인식의 깨어남은 선생만의 조형성으로 승화되어 작품 〈청죽晴竹〉을 완성시키게 된다. 밤바람에 흔들리는 대나무 숲을 본 사람이 선생뿐이었을까. 누구나 볼 수 있는 장면이 유독 그에게 큰 의미로 다가왔다. 이것은 그 후 사군자 소재를 자신만의 조형언어로 탈바꿈시킬 전환점이 되었다.

1958년 프랑스행은 선생의 삶과 예술에 획기적인 변화를 가져왔다. 그가 가꾸어낸 예술의 꽃은 서양이었기에 가능했던 것만은 결코 아니다. 동양적 뿌리 위에서 그만의 독특한 추상세계로 펼치게 되었으니 그의 위대성은 바로 동양성東洋性을 말함이리라.

또한 64년 파리에 동양미술학교를 세워 유럽인들에게 동양화를 전수했으며 서예에서 조형의 문자추상을 탐구하기 시작했다. 그의 화폭에서는 한글, 한자, 아랍문자들이 자유롭게 해체되고 재구성된 새로운 모습으로 태어났다. 도자기, 담요, 천 등의 소재 실험도 끊이지 않았으니 그에게 있어 표현할 수 없는 것이란 존재하지 않았다.

이 무렵 선생의 삶의 행로에서 결코 지나칠 수 없는 일이 터진다. 최근까지 의문투성이로 남아, 조작 수사 등의 의혹을 받고 있는 1967년 동베를린 사건이다. 당시 공산권 국가의 도시를 방문했다는 점과 간첩활동 혐의로 인해 선생인 고국에서

2년 넘게 옥고를 치렀다.

교도소의 높은 담장이 가로막은 절박한 상황이었으나 선생의 예술혼마저 잠재울 수는 없었다. 그 안에서 구할 수 있는 재료를 이용하여 여러 작품을 시도했다. 간장을 잉크삼아 화장지에 데생을 했으며 끼니마다 모은 밥풀과 종이를 짓이겨 소조 작품 등을 만들고 알루미늄 그릇에 구멍을 내어 '마음 속에서 끓어오르는 피의 분격'을 조각하기도 했다.

그는 정치, 사회적 상황이 민감하게 교차되는 현대사 속에서 쉽사리 근접하기 어려운 작가였다. 따라서 예술적 재능과 성과도 제대로 조명 받지 못했다. 프랑스에서 오랜 기간 체류하며 높은 성벽의 파리 화단에 위치를 굳혔지만 불어를 하지 못했던 고독했던 노인, 냉전의 서슬에 의해 예술의 깊이가 조망되지 못한 채 시련의 강을 건너온 그의 삶의 흔적에 사로잡혀 시간을 잊었나 보다.

아직 멈추지 않는 그의 강을 따라 거닐다보니 어느덧 관람마감시간이 임박했다. '군상'에서 눈을 떼지 못한 채 아쉬운 설음으로 출입문께로 다가가니 문 닫을 채비를 서둘렀다. 멋쩍은 마음에 전시장을 서둘러 빠져나왔다.

계단을 내려오다 뒤돌아보니 그림 속의 군중들이 전시장의 액자틀을 버리고 '후다닥' 계단을 내려왔다. 그들의 발자국 소리는 한여름 소나기였다. 임금이 하례를 받던 덕수궁 뜰의 중화전에 어둠이 내려앉고 있었다.

시청 앞 서울 광장에 요란한 조명이 일제히 밝혀졌다. 그들은 일제히 횡단보도를 지나 광장으로 내달렸다. 25년 전 도청 앞 광장으로 향하던 금남로의 인파를 뒤로하고 집으로 발길을 돌리곤 하던 비겁자의 모습이 오버랩된다. 5월의 그날처럼 군중을 뒤로 하고 귀가를 서두를 것인가. 나도 그들에 묻힌다. 어느덧 군상과 하나가 된다.

(계간 표현表現 2005. 봄호)

넥타이

스크린을 가득 채운 주인공의 표정이 몹시 들떠보였다. 그 순간은 자신의 삶에서 좀처럼 만나기 어려운 전환점이었으리라. 영화는 1982년 프로야구 원년 왼손잡이 투수가 없다는 이유만으로 삼미 슈퍼스타즈의 투수로 선발된 '감사용'의 실제 이야기인 ≪수퍼스타 감사용≫이다.

주인공이 직장의 같은 계열 프로 야구단에서 입단 심사를 받는 장면은 상징적이었다. 그는 근무 중 무단이탈하여 와이셔츠와 넥타이 차림으로 혼신의 힘을 다해 공을 던졌다. 그것은 아마추어와 프로페셔널의 높은 장벽을 암시했다.

넥타이는 상징이다. 남성들에게 나이나 여건을 초월해 개성을 드러낼 수 있는 손쉬운 도구이다. 그것의 역할은 남자의 취향이나 개성을 포함한 많은 것을 대변하기도 한다. 정장의 남자를 처음 대할 때, 그곳에 눈이 먼저 간다. 미국 대선 후보자의 TV토론 복장은 상징적이었다. 부시대통령은 청색 체크무늬 넥타이, 케리 후보는 정열적인 점박이 넥타이로 이미지의 차이를 전했다. 흔히 형식을 무시한 격의없는 분위기를 말할 때면 넥타이를 풀어놓고 토론하자고 한다.

다시 '감사용'의 이야기로 돌아가자. 그토록 갈망하던 프로입단의 어려운 벽을 넘어섰으나, 그가 치른 통과의례는 혹독했다. 모두가 선망했던 직장 야구의 강자였던 아마추어 시절에 비해, 한없이 초라해진 자신을 받아들여야 했다. 자존심도 내던진 채 선발 투수로 경기에 나서기를 청했으나 등판의 기회는 찾아오지 않았다. 취미가 생계의 수단이 되는 그 순간부터 그를 짓누르는 천근만근의 무게, 넥타이를 내던졌다고 온전한 자유가 그의 몫이 된 것은 아니었다.

그런 그에게 찾아온 첫 경기는 20연승을 코 앞에 둔 대스타와의 맞대결이었다. 개막 후부터 꼴찌의 불명예를 안은 팀이었기에 모두들 부담감만을 안고 피해오던, 질 것이 뻔한 OB팀과의 경기에 처음 선발된 것이다. 피를 말리는 그의 선전善戰에도 불구하고 패전 전문 투수라는 우울한 닉네임처럼 슈퍼스타즈는 또 졌다.

그러나 승부가 대수랴. 자신의 몫에 최선을 다하던, 가혹한 승부 세계에 던져진 한 젊은이의 초상은 절절하게 가슴에 와 닿았다. 영화를 보면서 내내 떠나지 않았던 생각은 꿈은 이루는 것이 아니라 그냥 그대로 가슴 속에 묻어두라는 것이었다. 넥타이는 조직에 순응하리라는 내면의 다짐은 아닐까. 조직에 대한 불만이 많은 구성원일수록 넥타이를 매지 않는 경향이 많다는 통계도 있다.

그들이 넥타이에 묶였다고 꿈마저 묻었을까. 그 꿈들이 들썩이는 장면이 요즘 눈에 뜨인다. 와이셔츠에 넥타이를 맨 직장인만이 출전할 수 있는 마라톤 대회가 서울의 구로 벤처타운에서 열렸다. 대회의 취지는 어려운 경제 여건 속에서도 열심히 뛰는 직장인들의 진취적인 모습을 보여주기 위해서란다.

간밤 콘서트의 객석에 앉은 중년들도 넥타이 차림이었다. 자신이 속한 조직의 일원으로 묵묵히 앞만 바라볼 수밖에 없었던 그들은 아직 사그라지지 않은 불씨를 다독이며 왔던 길을 회상하고 있었을까. 그들은 청년기의 열정을 애써 억누르며 한 시절을 함께했던 선율에 몸을 맡긴 채, 어색한 몸짓을 굳이 억누르지 않았다. 심연 깊은 곳에서 잠자던 열정과 넥타이에 매어둔 꿈들은 리듬을 싣고 꿈틀댔으리라.

이른 아침 졸음을 쫓아내는 한 남자, 그가 출근 준비로 거울을 보며 넥타이를 매는 모습을 떠올리게 하는 시가 있다.

> 넥타이를 목에 걸고 거울을 본다.
> 살기 위해서는 기꺼이 끌려가겠다는 의지로
> 내가 나를 누른다.

(중략)

잘 보라 또한 넥타이는 올가미를 닮았다.
그것이 양말이 아니라서 목에 두르는 것은 아니리라.
마지막이듯 넥타이를 조이며 묻는다.
죽을 각오는 되어 있는가.

– 복효근의 〈넥타이를 매면서〉 중

그들의 넥타이는 삶이라는 지난至難한 전쟁터에 나선 군사의 견장에 다름 아니다. 아마추어리즘의 온정은 사라지고 정글의 법칙만이 적용되는 프로의 세계 – 그들이 부딪치는 단단한 벽은 언제나 새로운 오디션장이 아닐까. 그 세계의 필수품, 체면이요 구속이지만 많은 것들이 보장되기도 하는 정체를 알 수 없는 소도구인 넥타이, 매야할지 풀어야 할지 그것이 문제로다.

(계간 한국수필가 2006. 봄,여름호)

공짜에 대한 예의

자동차 유리에 만 원권 크기의 홍보물이 붙어있다. 반나의 미녀사진이나 '즉시 대출'은 아니다. 〈초여름 지역 주민을 위한 빅 이벤트!〉집 부근의 사우나 초대권이다. 얼른 챙겼다. 공짜에 탐닉한 댓가로 장차 탈모 현상이 나타난다 해도 나중의 일이다. 현관 우편함에도 똑같은 것이 들어 있다. 겹경사로고! 횡재한 듯한 마음에 읽어보니 3일간만 무료입장이란다.

일부러 휴일 목욕을 미룬 월요일 퇴근 후, 초대권을 남발한 그곳으로 향했다. 카운터에 초대권을 내미니 한 번 입장하면 24시 언제라도 공짜지만, 가운 대여료 천 원을 내야한다고 했다. 그 정도를 이해 못할 바가 아니다. 호기롭게 천 원을 내며 사우나만 하고 가운은 받지 않겠다고 했다.

그러나 납득할 수 없는 조건이 있다. 찜질방 입장이 필수란다. 찜질방은 이용하지 않고 한 시간 후 나올 것이라는 나의 말에, 8시에 욕탕은 소등할 것이며 그 때부터는 찜질방에 모여 알로에 광고를 들어야 한단다. 선물도 푸짐하고 유익한 시간이 될 것이니 꼭 함께하라는 당부를 잊지 않았다.

그들의 유익이 나에게도 유익하지는 않을 터. 설마 탕 전체를 암흑으로 만들기야 하겠는가. 카운터의 여자는 집요하게 권했다. 대여료만 내고 가운을 굳이 받지 않으니 이상한 사람으로 취급하고 마땅찮아 하는 기색이었다. 아무려면 어떠랴. 이왕 벗자고 왔으니 나의 목적인 무료 사우나만 달성하면 되는 것을.

과정은 썩 매끄럽지 않았으나 마음에 두지 않기로 했다. 예전 같으면 그런 내용을 초대권에 표기하지 않은 것은 사우나 측의 명백한 과실이라는 등 따질 법도 하건만, 요즘은 굳이 내가 조목조목 헤아려야만 할 일이 세상에 그리 많지 않다는 것을 배워가는 중이니 그 정도야 넘어가야지.

상쾌한 부력浮力을 느끼며 몸을 담갔다. 나의 체표면적은 아르키메데스의 학문적 성과를 몸으로 정직하게 증거하며 그만큼의 물을 탕 밖으로 토해냈다. 잠시 후 기포가 쉴 새 없이 발생하는 안마탕으로 옮겨 슬쩍 엎드리니 기분 좋은 나른함이 온몸으로 번졌다.

그때 오십 대의 파마머리 여인이 앉은 걸음으로 슬며시 내 옆으로 다가왔다. 보글보글 끓는 둥근 욕조에 단둘이 잠겨 있으니 오래 전부터 알고 지냈던 사이처럼 여겨졌다. 모종의 공범자처럼 여유로움을 즐기고 있을 때,

"아줌마도 천 원 주고 왔소?"

의미심장하게 웃으며 은근하게 묻는다. 멋쩍었으나 태연하게 고개를 끄덕이자, 8시부터 찜질방으로 가야하는 것을 알고 있는지 물었다. 알고 있지만 가지 않을 것이라고 말했다.

"그래도 공짜로 들어왔응께 가서 들어 줘야제……. 선물도 준다잖소."

'그깟 선물이 대순가, 내가 할 만큼만 하고 나가면 되는 것이지 공짜깨나 좋아하시네.' 혼잣말을 삼켰다. 하릴없이 시간을 죽이며 선물까지 기대하는 그녀가 참 한가롭게 느껴졌다. 칼로 자르는 듯한 나의 단호함에 더 이상 권하지 않았으나 나를 인정머리 없는 여인네로 간주하는 듯했다. 그녀를 남겨둔 채 서둘러 기포탕을 나왔다.

냉탕에 잠입하여 물을 만난 물고기처럼 유영했다. 찬물 때문인지 나는 더욱 냉철해졌다. 그런 상술에 호락호락하지 않은 자신이 대견스러웠다. 가끔 이와 비슷한 일을 겪을 때면 분위기를 견디지 못하고 선뜻 구매하고 후회하는 경우가 대부분이었기 때문이다.

얼마가 지났을까. 모든 손님들을 찜질방으로 모신다는 안내 방송 후에도 직원이 들어와 이동하기를 권했다. 파마머리를 포함한 몇 명이 주섬주섬 소지품을 챙기더니 밖으로 나갔다. 나처럼 못들은 척하는 이들도 여남은 사람은 되었다. 참으로 듬직한 나의 동지들이었다. 우리는 잠시 물소리를 죽이며 딴

청을 피웠다. 이런 상황에서 '우리'라는 어휘로 묶을 만한 이들이 있다는 것은 작은 위안이었다.

전운이 감돌던 탕 안은 이제 에덴 동산의 평화 무드가 고조되었다. 싫다는 전라全裸의 아낙들을 무슨 수로 찜질방에 데려간단 말인가. 초지일관 남아 있는 여인들에게 은밀한 연대감을 느끼며 나머지 코스를 즐겼다.

그런데 시간이 흐를수록 정당하게 입장료를 지불하고 즐기던 여느 때의 사우나와는 다른 개운치 않은 마음이 슬며시 고개를 들었다. 알로에 업체는 아마도 사우나 측에 거금을 지급하고 홍보 대상을 제공 받으려 했을 것이고, 예상대로라면 사우나를 즐겨 찾는 중장년층이야말로 그런 권유를 딱 잘라 거절할 수 없는 사람들이 대부분일 것이다. 대단위 아파트 주민을 대상으로 한 사우나에서의 홍보 전략은 탁월했다.

세상에 없다는 공짜를 거저 받으려 한 것은 그 파마머리가 아니라 바로 나였다. 그녀야말로 공짜에 대한 최소한의 예의를 아닌 인간적인 사람이 아닐까. 공짜에 끌려 그곳에 간 이상 그들을 따르는 것이 자연스러운 일이었다. 온전히 공짜를 즐기리라 생각했던 나는 마음에 무거운 대가를 지불해야만 했다.

오늘 밤 대머리가 되는 꿈만은 꾸지 않기를 바라며 서둘러 사우나를 빠져나왔다.

(제물포수필 2006. 상반기호)

줄리엣의 발상

아침 여덟 시. 인파에 밀려 개찰구를 빠져나왔다. 큰 가방을 멘 미녀가 환한 웃음을 날리며 기다리고 있었다. 그녀가 주는 것은 미소뿐만 아니었다. 무언가를 나누어 주었다. 모두 주춤거리며 받아갔는데 남자들의 표정은 특히 밝았다. 저녁도 아닌 이른 아침이라 뜻밖이었다.

여느 때 같으면 굳이 받지 않고 지나칠 만도 했다. 그러나 이른 아침의 횡재를 놓칠세라 얼른 받아 가방에 넣고 가던 길을 재촉했다. 내용물이 살짝 궁금했다.

'휴지일까, 화장품 샘플이겠지…….'

보기 드문 아침의 행운에 궁금증까지 덤으로 안고 도착해

가방을 열었다. 요란한 스티커에 붙은 의외의 문구가 시선을 끌었다.

'항상 행운이 같이 하시길, 다이아나 나이트클럽. 담당 쥴리엣 올림.'

물론 휴대폰 번호도 빠뜨리지 않았다. 미모의 줄리엣 양은 업소의 호객을 위해 이른 아침의 수고를 마다 않은 것이다. 흔히 그런 일을 하는 여인이라면 깊은 잠에 빠져 있을 시간인데 프로다운 아이디어가 놀라웠다.

스티커에 붙여놓은 것은 뜻밖에 초코파이였다. 흔한 파이 한 개를 이처럼 골똘히 바라본 적이 있었던가. 윤기 나는 갈색 초코로 코팅된 파이의 사진이 먹음직스러웠다. 주변에 사무실이 많아 남성들의 출입이 빈번한 지하철역에서 자신을 알리는 스티커와 초코파이를 나누어준 아가씨야말로 자신의 일에 최선을 다하는 모습이 아니던가.

예상은 빗나갔지만 발칙한 발상과 창의성에 내심 혀를 내두른다. 어느 수필의 소재가 이처럼 참신하게 받아들여질 수 있을까. 식상한 수필의 소재에 한계에 느끼는 요즈음에 그 아침 줄리엣 양의 참신한 발상을 닮고 싶다.

(수필시대, 2007. 3, 4월호 '이 작가를 주목한다' 창작노트)

3부

게에 대한 예의

그 후 '산울림'은 없었다

등대지기를 꿈꾸며

'뒷간'—앞으로 나오다

술

둑

막幕

꿈

게에 대한 예의

"휙-휙"

빠르게 걷는 이들이 바람을 일으켰다. 자전거도 은빛 바퀴를 반짝이며 나를 제쳤다. 추월하는 그들의 뒷모습을 바라보는 기분은 묘했다. '내 속도를 유지하면 그 뿐이지.' 라는 생각으로 여유로운 척하지만 사실은 체력을 과시하는 그들에게 기가 죽곤 했다. 많은 이들을 앞세우며 안양천을 걷는다. 해질녘의 익숙한 풀 내음에 후각이 깨어났다.

한강변으로 방향을 바꾸었을 때 작은 물체가 꼼지락거렸다. 다가가 보니 갈색의 참게였다. 모서리가 둥근 게딱지를 눌러쓴 횡행공자橫行公子는, 서두를 것도 겁날 것도 없다는 듯 나름대로 우아하게 걷고 있었다.

반가움과 의아함에 눈높이를 낮추어 쪼그리고 앉았다. 녀석 역시 나와의 대면이 의외라는 듯 양쪽 집게다리를 대칭으로 세우고 멈추었다. 머리 바깥 부분의 두 눈은 미간이 넓은 것이 무던해 보였다.

청정지역도 아닌 이런 곳에 게가 살고 있었다니…. 개부심이 스쳐간 후라 자전거 도로는 선명한 벽돌색이었다. 덕분에 게의 모습이 쉽게 구별되어 녀석의 안위가 위태로워 보였다. 그대로 있다가는 호기심 많은 아이들에게 납치될 것이 뻔했다. 아니면 사람들의 운동화에 무참히 밟히거나, 자전거 바퀴에 변을 당할 것이다. 어서 녀석을 안전한 곳으로 피신시켜야겠다는 생각만 앞섰다.

신발 끝으로 살살 치며 습지의 풀밭으로 유인했다. 녀석은 집게발을 세모로 세우며 완강하게 버텼다. 의외였다. 나의 도움 따위는 필요치 않다는 것이었을까. 다시 한 번 건드려 움직여 보려 했으나 허사였다. 예각銳角으로 버티고 선 모양새를 보아하니 대단한 결심을 한 것이 분명했다. 계속하다가는 녀석이 자존심으로 세우고 있는 엉성한 다리가 부러질 것 같았다. 저를 구해주려고 안전한 곳으로 대피시키려는 내게 적대감을 느끼다니….

순간 녀석과 눈이 마주쳤다. 눈이라고 할 수 없는 어설픈 점 두 개가 나를 노려보았다. '나의 길을 가는 중이니 너는 참견 말라.'는 시위가 분명했다. 처음에 무던해 보였던 눈이 시건방져 보였다. 도움이 필요하지도 않다는데 동물구조대원처럼 선불리 달려 든 것일까. 내가 녀석을 구할 수 있으리란 것은 착각이었나 보다.

녀석과의 대치는 계속되었다. 그 때 녀석이 중얼거렸다.

'당신들의 산책로에 내가 출몰한 것에 호들갑을 떠는 것이 못마땅하오. 우린 야행성인지라 강이나 습지에서 지내다가 밤이 이슥해져야 먹이를 찾아 나오곤 하오. 성미가 급한 나는 오늘도 좀 일찍 나왔을 뿐이오.

여기까지 온 내 얘기 좀 들어보겠소? 연안에서 산란과 부화를 하고 강을 따라오는 동안 여러 번 허물을 벗으며 이만큼 자랐소. 그동안 당신들이 쳐놓은 수많은 통발을 피하는 일은 지뢰를 피하는 것만큼 어려운 일이었소. 이동하면서 급류에 휘말린 적도 많았고 생사의 갈림길인 수중보를 목숨을 다해 넘고 또 넘었소. 폭우로 한강의 수문이 열리면 당신들은 뜰채를 들고 어린 새끼들까지 건져 올리느라 난리법석이오.

그때마다 나를 지탱해 준 것은 오직 한 가지, 종족 보존이오. 그것이 목숨을 내건 고단한 여정을 견디게 했소. 사람들은 곧잘 연어의 회귀성만을 이야기하지만 내가 겪은 역경의 시간도 그것보다 못하진 않소.

이제 어설픈 동정심으로 나를 구하려들지 말고 당신 갈 길이나 가시오. 혹시 잠실대교 부근에서 어도魚道의 옹벽을 따라 무리지어 더디게 기어가는 우리들을 보더라도 제발 그냥 지나치시오. 채 자라지도 않는 어린 녀석들까지 잡아먹으려들지 말고, 우리들을 내버려 두란 말이오.

내 어설픈 걸음에 대해서도 더 이상 비웃지 마시오. 마이웨이, 제 갈 길만 가면 그 뿐이오.'

나의 도움을 거절했던 녀석을 바라보았다. 작은 눈이 유난히 도드라져 보였다. 할 말은 다 했다는 듯 옆걸음으로 느리게 사라졌다. 녀석의 옆모습을 바라보는 것, 그것만이 참게에 대한 예의를 지키는 일이었다.

내 딴에는 평소에 누군가에게 도움이 된다는 어설픈 생각에, 말하고 행동했던 일들도 있었다. 그런 섣부른 참견이 과연 상대방에게 도움이 되었을까.

사회 제도를 탓하며 자본주의의 속도를 따라잡기 위해 자녀 양육도 마다하는 예의없는 세상이다. 열악한 서식환경에도 불구하고 목숨을 담보로 종족 보존에 올인하는 녀석들의 생태계는 숭고했다.

한강으로 향하는 내 등 뒤에서 녀석은 주제넘게도 시인을 패러디하고 있었다.

> '참게 함부로 건드리지 마라,
> 너는 누구에게 나처럼 치열했던 순간이 있었느냐?'

(에세이스트 2007. 7, 8월호)

그 후 '산울림'은 없었다

또 한번의 결단이 필요하다. 스멀스멀 늘어나는 물건들로 인해 수납장을 정리할 때면 나의 판정을 기다리는 수십 장의 LP판이 애처롭다. 버리려다가 고비를 넘긴 것들이지만 다시 분류할 수밖에 없다. 그것들 중 퀸, 핑크 플로이드, 비틀즈 만을 남긴다. 몇 번을 들추어도 차마 버릴 수 없는 것 중에는 '산울림'의 앨범들도 있다. 그것이 소장가치가 높은, 소위 명반名盤 때문만은 아니다.

1977년 겨울, 라디오에서 생경한 노래가 흘러나왔다. 제목부터 심상찮은 〈아니 벌써〉, 〈문 좀 열어 줘〉, 〈아마 늦은 여름이었을 거야〉 등은 포효하는 청춘의 함성으로 나를 찾아왔다. 3형제 락 밴드 '산울림'과 그렇게 만났다.

도전과 저항이 통할 수 없었던 시절, 청년문화라 불리던 것들은 대안을 찾지 못하고 쇠퇴하고 있었다. 여성들의 스커트 길이는 물론 남성들의 두발 길이까지 국가가 손수 관리해주던 친절한 시대였다. 자와 가위를 든 경찰의 모습은 일상의 한 풍경이었다. 가요계는 포크 락의 기세가 차츰 꺾였으며, 가사 검열에 따른 금지곡 파동으로 술렁거렸다.

1집 ≪아니 벌써≫도 예외는 아니었다. 사전 심의에 퇴폐적 판정을 받았으나 우회적으로 개작하여 위기를 넘겼다. 연예인들이 부당한 대우를 감수하던 시절, 사람들은 명문대 출신 형제들이 왜 딴따라를 자처하는지에 대해 의아해 했다. 이들 형제의 음악에 대한 관심은 맏형 김창완으로부터 시작되었다.

그들의 침공은 통쾌했다. 나른했던 음악계는 젊은 피를 수혈한 생동감으로 넘치기 시작했다. '산울림'은 통념을 거부한 자유로운 사고로 70년대 후반의 가요계를 이끌며, 음지의 밴드 이미지를 밝은 인상으로 바꾸었다. 그들의 콘서트가 열릴 때면 주변까지 인파로 장사진을 치게 만들었던 열기는 좀처럼 수그러지지 않았다.

글이 아닌 말로 표현하던 그들만의 어법은 구체어였다. '산울림'은 노랫말에 대한 절제와 책임감으로 대중가요의 한계였던 상투성을 극복했다. 독백 형태의 신선한 노랫말에 담긴 분명한 의미는 기타를 통해 듣는 수필인 양 가슴에 파고들었다. 이전에는 들어본 적 없는 솔직하고 독특한 분위기는 신선했다. 신중현의 뒤를 잇는 락 특유의 감각과 파격은 프로답지 않은 자유로움 때문에 더욱 가깝게 느껴졌다.

'산울림'은 내게 감정이 이끄는 대로 표현해보는 것도 괜찮다고 부추겼다. 양희은과 송창식에 경도되어 있던 내게 이런 음악도 있으니 마음껏 즐기라고 했다. '산울림' 이전의 대중음악이 위안이었다면, 그들은 또 다른 뉘앙스로 나를 돌아보게 했다. 새롭게 찾은 자신을, 적극적으로 표현하고 삶을 향유하라고 속삭였다. 고정관념에서 자유로웠던 그들의 모든 것은 경직된 사고의 내게 대리만족을 안겨주었다.

그들은 잔잔한 서정으로 파고들다가 어느새 격렬한 샤우트 창법으로 폭발했다. 지금껏 애창되는 곡은 젊은이답지 않게 세상을 달관한 듯한 곡이 대부분이다. 〈독백〉, 〈창문너머 어렴풋이 옛 생각이 나겠지요〉, 〈내게 사랑은 너무 써〉 에서는 체념한 듯 속삭이다가, 〈청춘〉에 이르러서는 '차라리 보내야지 돌아서야지 그렇게 세월은 가는 거야'라고 낮게 읊조렸다. 그런가 하면 〈내 마음에 주단을 깔고〉는 3분 남짓한 전주를 듣는 동안 노래에 대한 기대감과 긴장감을 고조시켰다. '내 마음에 주단을 깔고 그대 길목에 서서 예쁜 촛불로 그대를 맞으리' 이 노래에 잠길 때면 누군가를 맞아들일 마음의 준비가 된 것처럼 내 마음에도 주단이 드리워졌다.

그들도 현실적인 문제를 피해갈 수는 없었다. 주체할 수 없는 창의성으로 어른까지 동요를 부르게 만들었던 김창완은 동생들의 입대와 사회생활 등의 여백에도 불구하고, 9집까지 발간하여 가요의 역사를 새로 쓰는 작업에 몰두했다. '산울림'이 대중의 폭발적 정서와 포근한 정서를 정복하여 우리 락 밴드의 현실을 극복했다는 평가가 결코 과장된 것은 아니리라. 초기의 락에서 벗어나 여러 장르를 넘나들며 무려 13집을 내기까지 장수한 것은, 비틀즈에 비견되기도 하는 천재적인 실험성 때문이다.

그들의 다양한 음악적 시도는 진화를 거듭하며 대중에 파고들었다. 기존의 관념을 깨트린 혁신은 전혀 다른 방식으로 쓰여진 가사와 멜로디였다. 친근하게 감기는 〈어머니와 고등어〉에서는 고등어를 절여 냉장고에 넣어두고 잠든 우리들의 소박한 어머니가 구체적으로 연상되었다. 또한 과거의 영광에 안주하기를 거부하며 〈기타로 오토바이를 타자〉는 신선한 제안을 하기도 했다.

팀의 리더 김창완은 지금도 우리와 가깝다. 특유의 사람 좋은 웃음을 잃지 않는 그는, 겉으로는 동네에서 흔히 만날 수 있는 평범한 아저씨이다. 반면 속으로는 광기를 지닌 연구대상의 인물임이 분명하다. 본말이 전도된 듯 드라마에 얼굴을 내밀거나 FM라디오의 친근한 진행자로, 마음만 먹으면 그의 목소리를 쉽게 들을 수 있다. 그의 불가사의함은 자신을 드러내기보다는 주변의 상황에 스스로 녹아들어가는 자연스러움 때문이다.

그의 변신을 보는 대중의 눈길도 다채롭다. '형편없는 대중음악계에 보내는 김창완 식의 야유'라는 긍정적 비호와, '스스로 창조한 신화를 져버린 일종의 자기 모독' 이라는 비판적 시선도 있다. 그만큼 대중들은 그에 대한 관심의 끈을 놓지 않고 있다.

다시 그들을 듣는다. '그대 떠나는 날에 비가 오는가….' 겨울비 때문인지 촉촉이 흐르는 처량한 음조에 착잡해진다. 그날만큼의 설렘은 없지만 희미한 옛사랑을 기억하듯 잔잔한 감흥이 인다. 작은 파장과 기분 좋은 떨림에 감각의 촉수를 세운다. 마음에 빗장을 열고 그들의 선율에 나를 맡긴다.

지금, 지금은 그날에 견줄 만한 감동에 목이 마르다. 오늘과 다름없는 내일이 오리라는 것을 아는 중년의 하루는 비참하다고 하던가. '파격'이라는 어휘로도 부족했던 그날의 '산울림'처럼 산뜻한 무언가에 나를 취하게 하고 싶다.

그들은 돌아오지 않을까. 아마 이 순간에도 녹음실에선 '산울림'의 후예들이 음악에 대해 고민하고, 새로운 곡들은 날마다 나오고 있겠지. 어디선가 몰려올 산울림들을 만나고 싶다. 이미 그것은 내안에 있는지 모른다. 그들을 느끼지 못하는 것은 척박해진 내 마음 때문일까. 귀를 열자, 알싸한 겨울내음이 와락 안기도록 마음의 문을 열자. 나에게도 선물을 주자.

(수필세계 2007. 겨울호)

* 이 글이 발표된 지 한 달 후 캐나다에서 교통사고로 세상을 떠난 산울림의 멤버 故 김창익씨의 명복을 빕니다.

등대지기를 꿈꾸며

지하철 역의 등대

등대가 바다에서 성큼 걸어나왔다. 인천 지하철 '예술회관' 역에서 '한국의 등대건축 드로잉전'이 열리고 있다. '드로잉' 전시회라지만 사진이 대부분이다. 저잣거리로 나온 등대는 이젤에 세워진 액자 속에서 행인들을 물끄러미 바라본다.

사람들은 저마다의 속도로 발걸음을 찍는 데만 열중이다. 일터를 향해 총총히 사라지는 그들의 뒷모습은 단호하다. 내 갈 길만 가겠다는 듯 등대에게는 눈길조차 주지 않는다. 그들의 걸음걸이에는 도심으로 나온 등대의 마음이 전해질 여유가 없는 것인가. 어제의 피로도 풀지 못한 채 저마다 섬이 되어 힘에 버거운 하루를 시작하는 도시인들은 그렇게 무심히 지나친다.

전동차의 굉음이 지축을 흔들자 등대들이 움츠린다. 저음低音의 뱃고동이 벌써부터 그리운 모양이다. 사람 냄새를 찾아 바다를 떠나왔건만 인파 속에서 외로움은 더해 보인다. 파도소리조차 들리지 않는 도심의 싸늘한 역구내에서 등대는 겉돈다.

등대 앞에 서면 갯내음과 파도 소리가 들릴 듯하여 횡재라도 한 듯 출근도 잊고 바다를 만난다. 갯바람이 짭짤하다. 사진 속의 등대는 대부분 흰 빛의 원통형이다. 비슷해 보이는 그것들을 자세히 들여다보니 같은 모양은 없다. 같은 점이라면 모두 바다를 향하고 있다는 것이다. 100년을 넘긴 우리나라 최초의 팔미도 등대는 희고 둥근 몸이 고풍스럽다.

'등대지기' 를 꿈꾸는 청년들

얼마 전 화제가 되었던 기사가 떠오른다. 무인도의 등대원 모집에 전국에서 지원한 청년들이 40:1이 넘는 높은 경쟁률을 보였다는 보도가 그것이다. 해당 기능사 자격을 보유한 이로 자격이 제한되었고, 1차 서류 전형을 통과한 이들이었으니 당초 지원자들은 그보다 훨씬 많았으리라. 고학력자의 취업난을 반영하는 뉴스였으나, 뱃길을 비추는 등대와 함께 청년기를 보내려는 이들이 그토록 많다는 사실이 의외였다. 한 달에 고작 5일 가량만 뭍으로 나올 수 있는 근무 여건에 외딴 곳에서 대부분 홀로 지내야 하는 특수성은 젊은이들이 선호할 만한 일은 아니었다. 그 때문인지 예년에는 결원 시에도 충원조차 힘든 형편이었단다.

등대지기로 산다는 것은 많은 것들로부터의 격리를 의미한다. 그들이 원했던 것이 단순한 일자리였을까. 정확한 직함은 '항로 표지원'으로 일제 강점기부터 전해온 '등대지기'라는 어휘가 담고 있는 애잔한 취향은 그들의 고된 업무에 비해 지나치게 낭만적이다. 절해고도에서 바닷새를 벗 삼아 항로를 밝히는 일로 청년기를 보내기에는 적합하지 않아 보인다. 그만한 각오라면 뭍에서의 일자리도 어렵지만은 않았을 텐데….

어쩌면 그들은 '관계'에 지친 이들인지도 모른다. 사람과 사회와의 관계 맺기에 많은 좌절을 경험했다면 낭만적인 어휘에 숨어있는 등대지기의 고충과 외로움 정도는 기꺼이 감수할 각오가 되어있으리라.

통하였느냐?

사람들과의 소통에 관한 의문을 풀어준 이야기가 있다. '페란라몬 코르테스'의 소설 ≪등대≫에서 광고 전문가인 주인공은 자신의 커뮤니케이션에 문제가 있음을 알게 된다. 고민 끝에 스승 막스에게 조언을 구했으나, 막스는 메너르카 섬으로 가서 다섯 개의 등대를 관찰해 보라고 했다. 그 섬은 스페인 남부의 작은 섬으로 작가가 어린 시절 이후 여름 휴가를 보내곤 하는 고향 같은 섬이었다. 스승의 조언이 의외였으나 그는 섬으로 가서 등대와 주변 풍경을 지속적으로 관찰했다.

그곳에서 주인공이 만난 등대는 매번 같은 일만을 계속하는 것이 아닌가. 하룻밤에도 수천 번씩 반복해서 보내는 똑같은 신호에는 세련된 기교나 기술도 없었다. 그러나 항해사들은 한결같은 그 빛에 의지해서 안전하게 항구로 돌아오곤 했다. 등대는 밝은 빛을 비추며 뱃사람들이 이해할 수 있는 쉽고 단순한 언어로만 통하고 있었다. 창의성 있는 광고로 대중을 겨냥한다 해도 소통이 없다면 그것은 일방적인 자기 만족일 뿐이었다.

등대에서 쏘아주는 불빛은 항해사에게 뱃길을 인도하면 그뿐이다. 현란한 폭죽이나 레이저 쇼를 한다 해도 그것은 과잉소통일 뿐이다. 가장 중요한 등대의 역할은 항해사들이 항로를 찾을 수 있도록 간단하고 명확한 신호를 보내는 것이다.

그랬다. 주인공이 찾게 된 커뮤니케이션에 필요한 가치는 현란한 불빛과 근사한 소리가 아니었다. 칠흙의 밤바다에서도 자신의 역할에 오차가 없는 단순함만이 유용한 메시지였다. 상대방의 언어로 감동을 담아 전달해야 하는 소통의 기본은 등대만의 것일까. 누군가 갖가지 논리와 유창한 말솜씨, 현란한 수식어와 화려한 매너를 구사할 수 있다고 하자. 감동이 없다면 그것이 진정한 소통에 무슨 도움이 될까.

지쳐버린 나의 부리여

등대를 두고 가던 길을 걷는다. 횡단보도의 신호에 주춤하던 이들이 울컥 쏟아져 나온다. 가벼운 현기증이 인다. 오늘도 지루한 하루에 출사표를 던진 저들은 수많은 말들을 매개로 그것들이 만들어낸 관계 속에서 하루를 채울 것이다.

해마다 이맘때면 내게도 학부모상담 업무가 이어진다. 아마 오늘도 몇 번의 만남이 이루어지겠지. 일상에서 만나고 헤어지는 타인에게 보내는 나의 프레젠테이션 또한 나만의 도취는 아니었을까.

지친 나의 부리에 며칠만이라도 휴식을 주고 싶다. 이참에 등대원 공개모집에 지원해 볼까. 내가 홀연히 떠나도 큰 이변이 없을 일상의 분주함을, 하늘을 나는 바닷새와 바위를 파고드는 파도, 방파제를 느리게 걷는 이들의 뒷모습과 바꾸고 싶다.

오늘도 피할 수 없는 사람과의 관계 속에 부질없는 말들이 떠돌겠지. 국물에 뜬 기름기처럼 둥둥 떠다니는 겉치레의 말, 말, 말…. 오늘은 불필요한 수식을 걷어낸 담백한 말로 소통하고 싶다. 단순하고 진실함에서 멀어진 립 서비스와 부유浮游하는 무의미한 말들을 피하고 싶다. 이런 아침에는 입김을 날리며 꺼이꺼이 노래라도 불러볼까.

'우리는 말 안하고 살 수 없나,

날으는 솔개처럼
수많은 질문과 대답 속에,
지쳐버린 나의 부리여'

(에세이스트 2008. 1, 2월호)

'뒷간'–앞으로 나오다

지하철 역에서 '우수 화장실 전시회' 가 열리고 있다. 전시된 사진들이 무빙워커를 따라 느리게 하나씩 다가온다. 행인들은 '왠 화장실?'이냐는 듯 생뚱맞은 표정이다. 개인적인 은밀한 장소가 이렇듯 공개된 것이 다소 낯설었던 것은 나도 마찬가지였다. 무심히 지나치던 그것들과의 반복된 만남은 전시 기간 동안 계속되었다.

90년 전 뒤샹은 멀쩡한 남자 변기를 ≪샘≫이라는 주제로 뉴욕 전시회장에 내놓았다. 당시 근사한 예술품을 상상하며 화랑에 왔던 사람들의 반응을 어떠했을까. 흔한 변기를 작품으로 간주해야하는지에 대해 의견이 분분했으리라. 오랫동안 세간의 입살에 오르내리다가 예술과 현실의 경계가 모호한 작품이지만, 예술가가 작품으로 설치했기 때문에 결국에는 새로운 문화 코드로 받아들이자는 합의를 본 듯하다.

그러나 이곳에 전시된 사진들은 다르다. 화장실 본연의 임무를 성실히 수행 중인 현역 화장실이다. 그것들 중 여러 나라 화장실의 역사를 보여주는 것이 흥미롭다. 특히 시선을 끈 것은 임금님과 중세 유럽의 귀족이 사용하던 것들이다. 임금의 화장실은 이름조차 운치 있는 '매화틀' 이었다. 운치의 향연은 거기에서 그치지 않고 배설물이 큰 것은 '매화', 작은 것은 비를 칭하는 '우'로 불리었다니, 배설물에게까지 특별대우를 했던 선인들의 위트가 돋보인다. 더욱이 임금의 것은 맛을 보며 건강을 체크하는 하인까지 있었다는데, 신하는 물론 배설의 주체인 임금의 입장에서도 썩 내키는 일은 아니었으리라. 어릴 적 극장에서 보았던 사극에서는 임금이 방 가운데서 '끙-끙' 힘을 주어가며 큰 일을 볼 때, 둥글게 드리워진 병풍 밖에서 코를 감싸쥐던 궁녀와 내시들의 곤혹스런 표정이 인상적이었다.

중세 유럽의 귀족들이 사용한 화장실은 의자 모양이다. 등받이의 돋을새김이 정교한, 이른바 '혈공의자穴公倚子'는 고급스러운 의자에 엉덩이 부분만 요강처럼 깊게 파여 뚜껑을 달았다. 호화가구로 위장한 것까진 좋으나 냄새 문제를 어찌 해결했을꼬.

프랑스의 베르사이유 궁전에는 화장실이 없었다. 궁전을 출입하던 수많은 귀족들과 매일 열리는 무대회에 초대받은 이들은 부득이 정원의 꽃이나 잔디를 밟고 용무를 해결해야 했으니 오물로 뒤덮힌 궁전을 상상하시라. 당시 일반 가정에서는 손잡이가 붙은 요강을 사용했다. 아침마다 그것을 창밖으로 비우는 일로 인해 행인들이 불의의 사고를 당하는 일이 허다했다. 17세기 초에 등장한 하이힐도 오물투성이의 거리를 지날 때 드레스를 더럽히지 않기 위해서였다니, 똥바다를 우아하게 걷는 여인들의 모습을 떠올리는 일은 민망하기 그지없다. 유럽인들이 오물을 피해가기 위한 궁여지책인 하이힐이 오늘날까지 전해온 걸 보면 패션에는 핑곗거리도 많다. 그들에게 화장실 설치가 의무화된 것은 그로부터 100년 후의 일이니 유럽의 똥바다 시대는 결코 짧지 않았다.

거기에 비해 유구한 역사를 자랑하는 우리네 '푸세식'은 자연친화적이었다. '푸세식'의 과거는 어두웠으나 전시장에서 오랜만에 만난 낯익은 광경이 정겹다. 측간厠間이라 불리던 그곳에서는 '빨간 종이 줄까, 노란종이 줄까?' 를 단골 질문으로 택한 귀신이 등장했다. 일을 보다가 반복되던 측간 무용담 레퍼토리를 떠올리자면 엉덩이의 찬바람에 등이 오싹해졌다. 초여름 떫은 감을 대책없이 먹었다가 변비에 걸려 고역을 치른 적도 있었으니 애증이 교차하던 추억의 장소였다.

화장실은 물리적인 배설의 공간만은 아니었다. 낙서의 역사는 수백 년을 거슬러 올라간다. 일본의 가마쿠라 시대의 기록에는 '화장실 벽에 글을 쓰거나 긁어서는 안 된다.'는 글이 남아있다. 서양에서도 18세기 초 발간된 ≪즐거운 사고≫라는 낙서

모음집에 화장실의 낙서가 많이 포함되었다니, 사람들은 무엇을 얻으려 그 궁색한 자세와 악취를 불사하고 낙서를 했을까?

낙서는 정신적인 배설행위이다. 그것을 통해 생리적 해방감에, 정신적인 쾌감까지 옵션으로 안겨준다. 더욱이 '19세 이상 관람 가' 내용은 그곳이 아니고서는 달리 해결한 장소가 없었나 보다. 상식을 초월한 낙서 내용 또한 비비꼬인 사람들의 정신적 배설에도 기여한 바 있으리라.

문학 속의 분뇨담도 꼬리를 문다. 소설가 오정희는 ≪옛우물≫에서 '자신이 눈 똥을 신기하고 이상해 하는 눈길로 바라보는 어린아이, 유년기 가난의 흔적을 본다.' 는 구절로 자신의 배설물을 신기해하는 아이를 묘사하고 있다.

바로 프로이트의 항문기(肛門期, anal stage)를 염두에 둔 구절일 게다. 프로이트는 한 살에서 세 살까지를 아이가 배설과정에 많은 관심을 갖게 되는 중요한 시기로 보았다. 이 시기에 배변 훈련을 통해 즐거움을 경험하면 자신감을 갖게 되지만, 그 반대로 양육자의 적절한 도움이 이루어지지 않으면 세상에 대한 불안감과 이후의 원만한 사회활동에까지 지장을 받는다고 했다. 항문기의 발달과업으로 이 시기를 적절히 보내지 않았다면 성인이 되어서까지 강박 장애의 온갖 증상들을 보이게 된단다. 그의 이론에 의하면 똥은 똥이 아닌 그 이상의 가치임에 분명하다. 어릴 적의 똥 가리기 훈련이 전 생애의 행복을 좌우한다면 표현이 지나친 것일까.

수필에서도 똥은 넘친다. 윤오영은 〈측상락厠上樂〉에서 '나에게는 한 복지福地가 남아있다. 변소의 문을 닫고 용변하는 시간만은 완전히 이 세상과 절연된 특권을 향유한다.' 며 '겨우 두 다리를 오므리고 앉을 수 있는 좁은 우주'를 자신만의 치외법권 지역으로 보았다. 그 뿐인가. 박연구는 그의 〈변소고便所考〉에서 '상이 통일되어서 새로운 아이디어가 떠오르는 공간'으로 묘사했으며, 배설작용을 '가장 형이상학적 물음들이 형이하학적인 상황에서 줄줄이 떠오르고 정신적인 외출복을 벗어버린' 상태로 표현한 작가도 있다. 복된 땅 뒷간에서 웅색하고 쪼그리고 앉아 온갖 상념을 정리하던 수필계의 대선배들을 떠올리는 일도 즐겁다.

레마르크도 소설 ≪서부전선 이상없다≫에서는 '배설 전선 이상없다' 라고 말하고픈 대목도 지나칠 수 없다. 생사가 교차하는 전쟁터에서 방분放糞하는 병사의 심리를 묘사한 것이 그것이다. '유쾌하게 똥을 누는 것은 매우 즐거운 일이다. 머리 위에는 푸른 하늘이 있다. 주위는 꽃이 만발해 있는 아름다운 초원이다. 전선에서 똥을 누는 것은 흰 타일이 박혀있는 화장실에서 누는 것보다 훨씬 쾌적하다. 용변을 보고 있는 동안은 죽음의 공포에서 벗어날 수 있으니 마음이 착 가라앉은 듯 평온하기 짝이 없다.' 이처럼 여러 작가들도 '똥은 인간이 만들어 내는 것 가운데 가장 평화적인 것'임을 언술한 바 있다.

그대는 따스한 봄날, 선암사의 삼백 년 지난 해우소解憂所에 앉아본 적이 있는가. 그곳은 내가 아는 한 자연 속의 일부로 돌아가 배설의 경건함 속에서 어떤 경계도 허물게 되는 마법의 장소였다. 나무 창살을 통해 들어오는 햇볕에 앉아 밖으로 보이는 봄꽃에 눈을 주며 앉아보라. 뱃속의 그것들을 비웠을 뿐인데 느끼지 못했던 마음 속의 분비물도 빠져나가 가벼워짐을 느끼게 된다. 평소 욕심껏 채우기에 급급했던 나를 비로소 바라보았다.

파리 번화가에 있다는 밖을 내다볼 수 있는 술집의 화장실은 꼭 한 번 가보고 싶은 곳이다. 밖으로 돌출된 술집 안에서는 유리창을 통해보듯 밖을 훤히 볼 수 있지만, 밖에서는 거울로만 보인단다. 안에서 근심을 푸는 사람들은 행인들이 쳐다보는 가운데 일을 보는듯한 착각을 하게 된다. 재미있는 것은 그곳을 나오는 남성들은 기분 좋은 표정으로 나온다니, 남자는 알 수 없는 동물임이 또 한 번 확인되는 예화다. 얼굴을 붉히며 나온다는 여성이 정상에 가깝지 않을까. 물론 착각이겠지만 자신의 은밀한 행위가 누군가에 공개된다는 쑥스러움 때문이리라.

화장실의 아이디어 경쟁에는 브레이크가 없다. 27만 달러를 들였다는 아쿠아리움 화장실은 문을 제외한 모든 벽면이 수족관이란다. 이 정도라면 지나친 발상이 아닐까. 커다란 물고기들이 뻐끔거리며 벽면을 오락가락한다면 푸른 물속으로 유영하고픈 충동에 볼 일이나 제대로 볼 수 있을지 걱정이다.

무중력 상태의 우주인에게도 자연스러운 배설이 가능할까. 우주선 내에서는 진공청소기 같은 기구가 배설물을 빨아들이면 수분을 분리해 별도 보관한다. 반면 지구 귀환 시에는 화장실을 갈 수 없어 선 채로 우주복을 입은 채 배설을 해야 한다. 아무리 창밖의 지구가 아름답고 별빛이 손에 잡히는 환상을 가까이 느낀다 해도 배설의 쾌감을 반납해야 한다면, 우주인으로 선발된다 해도 생각해 볼 일이다.

화장실의 진화는 외적인 장식에 그치지 않았다. 무인청소 시스템은 동전을 넣으면 문이 열리는 것으로 시작하여 변기 커버는 자동으로 회전하며 청소가 된다. 이용자는 그냥 앉기만 하면 된다. 불과 이삼십 년 전만 해도 인내심 없이는 이용할 수 없는 공중화장실에 대한 기억이 생생한데 그저 놀라울 뿐이다.

최첨단 배설 시스템은 이처럼 날로 발전해 가는데 거리마다 늘어나는 것은 항문질환 병원이다. 많은 화장실들이 위생은 기본에 심리적인 안식까지 배려하는데 아이러니한 일이다. 물론 식생활과 생활패턴이 안겨준 현상이라지만 외장을 안락하고 보기 좋게 치장하는 것만이 최선은 아닌가 보다. 머지 않아 사람이 변의를 느끼기만 해도 전자동으로 옷을 내려주는 일에서부터 비데는 물론 옷을 입혀주는 것까지 해결해줄는지 모른다. 처가와 뒷간은 멀수록 좋다는 말은 박제되어 박물관에 전시된 지 오래지만, 생리적 욕구 해결을 위해 뒷간으로 출입하는 여유조차도 불편함으로 몰아갈 필요가 있을까. 미래에 사람들은 무엇을 위해 몸을 움직이게 될까.

현대인이 화장실 문화를 향유하는 것은 존엄성과 기본 권리를 누리는 것이다. 단순한 생리적 욕구 해결의 장소에서 독서와 사색은 물론 휴식 공간으로서 한몫을 하고 있다. 나아가 자연환경과 어울리는 외관까지 고려하여 이처럼 화장실을 전시한다. 여기에서 더욱 눈부신 진화를 거듭한다면 화장실의 유비쿼터스 접목도 시간 문제다. 변기에 앉아 원하는 시간에 공연이나 전시를 보게 되는 것은 먼 꿈일까? 화장실에서의 스크린을 통한 회의나 업무 진행을 못할 것도 없겠다. 화장실에서 원격수업을 받는 학생도 생겨나지 않을까.

이제 여기까지였으면 좋겠다. 어제의 '뒷간'은 이처럼 전면에 나와 문화의 한 코드로 부상浮上하고 있다. 전시 중인 화장실 사진들이 '과거를 묻지 마세요' 라며 온갖 아름다운 장면을 보여준다. 그것들을 보며 무엇과도 바꿀 수 없는 배설의 미학이나 혼자만의 은밀한 쾌감이 사라지는 듯하여 왠지 허전하다. 더불어 춘화를 방불케 하던 낙서자의 대리 만족도 사라지고, '뭐 저런 게 있어?' 라며 무관심한 척 외면하다가 힐끗 훔쳐보던 특이한 체험도 없으리라. 암울했던 뒷간의 시절을 그리워하는 것은 단순한 회고조의 넋두리만은 아니다. 무엇보다 겨우 두 다리를 쪼그리고 앉아 진지한 사고의 실마리를 풀어가던 문학작품 속의 변소도 자취를 감출 것이 아닌가.

앞으로 나온 '뒷간'- 이제 그만 됐네유.

(브레이크 뉴스 2008. 3)

술

— 이규보李奎報의 '술이 익었으니 마시러 오시오'

식성이 바뀌듯 끌리는 수필도 변하는 것일까. 수필을 처음 쓰던 시기에는 가드너(Gardiner)의 〈모자철학帽子哲學〉이 그럴듯하게 읽혔다. 이태준의 〈무서록無序錄〉에 맛을 들이고, 김용준의 〈근원수필近園隨筆〉에 매료되었던 시간도 짧지 않았다. 근원 선생의 '매화'의 첫 대목을 수필 첫 문장의 멋진 전범으로 삼은 적도 있다.

> '댁에 매화가 구름같이 피었더군요. 가난한 살림도 때로는 운치가 있는 것입디다.'

독백처럼 읊조렸던 첫 대목은 친근한 사람과의 대화처럼 편안해서 좋았다. 어깨에 불필요한 힘을 주어가며 그럴듯한 문장 짜기에 골몰했던 내게는 신선한 간들 바람이었다. 그 바람도 스쳐 지나간 요즘은 이규보 선생의 '술이 익었으니 마시러 오시오' 에 취해 있다.

고려시대 문신으로 백운거사로 불리었던 선생이 태어난 시기는 1168년이니, 지금부터 헤아리자면 840년 전이다. 타임머신을 타고 과속 후진한다 해도 그를 만나지는 못하겠지만, 이 글을 볼 때마다 내가 초대받은 듯 설렌다. 선생댁의 술이 은근한 단내로 익어가며 나를 기다리는 것만 같다. 내가 달려간다고 메시지를 보내면, 선생은 급히 용수를 지르고 조촐한 술상을 서둘러 보게 할 것이다. 술상에 마주 앉으면 '한 잔 먹세그려' 라며 잔을 채워줄 듯한 커트라인 없는 착각에 빠진다.

선생은 우연히 간직해 놓은 기록을 보게 되었다. 평소에 어울려 놀던 벗과 옛 친구들의 이름이 적힌 그것을 보다가 그들 중 절반은 사망했고, 나머지는 뿔뿔이 흩어져 소식조차 알지 못하게 되었음에 자신도 모르게 소리를 지른다. 연령을 초월하여 사귄 서너 명의 친구조차 모두 영면永眠했음을 떠올리니 인생무상을 절감하지 않았으랴. 이어서 모였다가 흩어지는 것이 인생사임에 앞날을 알 수 없으므로 서로 헤어지기 전에 '즐거운 일을 다하기를 꾀할 뿐' 다른 일이 없음을 토로한다.

저의 집에서 요새 술을 빚었는데 이제 익어서 매우 향기로우면서도 텁텁하여 가히 마실만 합니다. 어찌 그대들과 이 술을 마시지 않을 수 있겠습니까. 하물며 붉은 살구꽃이 반쯤 피었고 봄기운이 화창하여 사람의 정을 다정다감하게 돋우워 주는 이 좋은 때에 술을 마시지 않고 무엇을 하겠습니까? 이군李君, 박환고朴還古 등과 함께 오셔서 마시기를 바랍니다. 그렇지 않으면 우리 집 술은 며칠 안 가서 바닥이 날 것이니 지금 오셔야 합니다. 황송합니다. 머리를 조아립니다. (與全履之手書)

— 이규보李奎報 의 〈술이 익었으니 마시러 오시오〉 중에서

선생은 어릴 적부터 글솜이 좋아 신동神童으로 불리었다. 그럼에도 불구하고 초년에 과거에 여러 번 낙방한 것은 술과 무관하지 않았으리라. 열다섯에 술에 일가를 이루었다니 청년기의 작품에서 '술의 즐거움'이 단골로 등장하는 것도 자연스러운 일이다. 시와 술과 거문고를 좋아했던 자칭 '삼혹호三酷好' 선생은 풍류깨나 즐기다 보니, 장원급제 후에도 큰 출세 길은 시원하게 트이지 않았다. 술을 벗 삼아 문학을 즐기고, 정치력까지 갖춘 엘리트, 거기에 더해 외모도 출중했다니 요즘 거리를 활보해도 뭇 여성들의 시선을 끌었으리라. 그는 호탕한 기질과 파격破格으로 늘 화제의 중심에 있었다. 19세 때 30세나 연상인 오세재吳世才와 우정을 쌓았으며, 망년지교忘年之交라 할 수 있는 죽림칠현들과의 거침없는 어울림은 정열적이고 순수했다.

당시는 시만이 문학으로 인정받고 나머지는 묵살해버렸던 시절이었다. 수필은 잡서雜書, 설設, 기記 등으로 표기하여 뒷전으로 물러나 잡문으로써의 힘겨운 명맥을 유지했을 뿐이다. 그럼에도 불구하고 선생은 수필에 매료되었음이 분명하다. 그의 문집 41권 중 18권까지는 시집이고 나머지는 오늘의 수필에 속하는 글들이 수필이 주조를 이루고 있으니 시대를 훌쩍 넘어 읽히는 맛이 그만이다. 지금껏 문학사에서 그의 시와 소설에 관심을 기울였으나 수필가로서의 이규보도 그 위치를 찾으리라.

선생은 글에서 시대의 무거운 갑옷을 벗어버렸다. 선인들의 시문을 맹목적으로 답습하지 않았으며 독창적인 문학성을 추구했다. 서거정徐居正은 '동방의 시호詩豪는 오직 규보 한 사람뿐' 이라는 찬사를 보낼 정도였다. 그는 예리한 비판과 무거운 철학도 산뜻하게 요리했다. 남다른 삶의 부침浮沈을 경험한 생활자로서의 고민과 해학을 담았기 때문이리라. 그의 글이 시대를 초월하여 호평을 받는 것은 현실의 문제의식에 민감했다는 점도 한몫을 한다. 산전수전, 공중전은 물론 시가전까지 치른 그가 절실한 일이라고 생각한 것이 서로 '즐거운 일을 다하기를 꾀할 뿐' 이라면 분명 근거있는 제안이리라. 벗과 즐거움을 나누는 일이야말로 삶을 이루는 중요한 퍼즐 조각이 아닌가.

사람은 넘친다. 그들 중에는 같은 길을 가며 같은 곳을 바라보는 이들도 많다. 그럼에도 불구하고 저마다 섬이 되어 외로움을 호소한다. 사람을 먼저 청하는 일이 드문 나로서는, 그저

'혼자놀이'가 좋다. 비가 오면 비를 핑계로 눈이 내리면 눈을 함께 보자며 선뜻 부를만한 이들이 없지는 않다. 내 기분에 취해 누구를 청했을 때 혹여 상대방이 쉽게 자리를 털고 나오지 못할 상황임에도 배려하는 마음에 응하는지 모를 일인지라, 이래 망설이고 저래 포기하다 보면 용무가 있는 만남이 대부분이다.

요즘은 가끔 즐기던 하이트(Hite)의 거품도 시들해졌다. 간혹 술자리를 만나게 되더라도 '사교계를 떠났다.' 며 피하기 일쑤다. 입문한 적도 없는 사교계이기에 떠날 일도 없으련만, 약간의 치기稚氣를 빌어 조금은 흐트러지고 싶은 순간들조차도 사라졌다. 그러나 선생댁의 술이 바닥나기 전에 한 잔 나누고 싶은 충동이 인다. 장맛비가 오락가락하는 이런 날에는 결코 오지 않을 선생의 연락을 기다리기보다는, 그저 한 잔 기울이자는 용건으로 지인들에게 속칭 '번개'라도 쳐 봐?

(제물포수필 2008. 하반기호)

둑

1.

강화도에 해가 진다. 장어마을 앞 해안도로에서 바라본 일몰에 감탄사를 토하던 사람들이 하나 둘 사라졌다. 해넘이의 장관도 구수한 냄새의 유혹을 뿌리치기엔 역부족이었을까.

대신 식당 안이 분주하다. 이곳에서는 양념장을 적시고 납작 엎드린 장어 토막들이 '지글지글' 소리를 내며 돌아눕는다. 숯불에 떨어지던 기름이 폭죽처럼 '퍽퍽' 터지면, 조건 반사로 침이 고인다. 젓가락이 빨라진다. 구울 때 나오는 저 기름이야말로 힘의 원천이라나.

장어의 다비식은 비인간적이다. 인간의 식욕을 위해 제 몸을 바치는 생명체의 전송은 대부분 이처럼 적나라하다. 끓는

육수를 거부하여 사지를 비비꼬는 낙지나, 옥돌 접시에 누워 숨을 놓는 순간까지 눈을 깜박거리며 신선함을 증명해야 하는 우럭의 처연한 눈빛…. 포만감이 느껴진 후에야 뒤늦은 휴머니즘이 고개를 든다.

그것들을 차라리 외면한다. '나도 가끔은 영양분을 취해야 하니까.' 젓가락질에 속도를 늦추며 내 입장을 변호해보지만 궁색하기는 마찬가지다. 본능적으로 먹어대던 장어에 대해 여느 때와 다른 생각에 잠긴 것은 얼마 전 화면에서 본 녀석들의 특이한 생태 때문이다.

2.

그것은 장어의 불가사의한 생애와 멸종 위기를 파헤친 다큐멘터리 프로그램이었다. 장어는 3억 5천 년부터 살았으리라 추정하지만, 이제 자연산을 만나기는 드문 일이 되어버렸다. 그들에 대한 기록을 남긴 제작진은 물론, 수십 년 간 장어잡이를 해온 어부들도 정작 녀석들의 정체를 속 시원히 알지 못한다고 했다. 알이나 산란 장면도 공개된 적이 없다니, 종족 유지를 위한 그들만의 비법이라도 있는 것일까.

장어는 바다와 강물을 오가는 회유성 어류다. 연어와 다른 점이라면 장어는 강에서 자란 후 심해로 돌아가 그곳에서만 산란을 한다. 어미 장어가 알을 낳으면 치어들은 8개월간 강을 거스른다. 어린것들이 자라 우리나라에서 무려 3,000킬로미터 떨어진 태평양에 이르는 동안 아무것도 먹지 않았다. 어미가 왔던 길을 되짚어가는 여정은 엄숙한 숙명성마저 느껴졌다. 녀석들은 체중 감량 후 경기에 나선 복서처럼, 장거리 유영을 앞두고 최대한 몸을 가볍게 만든다. 뼈줄기가 투명한 장어의 몸에서는 붉은 심장만이 움직이고 있었다.

사람들은 눈치없이 장어의 지구력에만 집착한다. 녀석들이 아무것도 먹지 않은 채 수천 ㎞를 헤엄치는 것만을 상기하며 보양의 대표 메뉴로 꼽는다. 종족 유지를 위해 생명을 걸고 장도에 오르는 장어의 안간힘을 자신들의 스테미너 보강식으로 탐한다. 그들 틈에 앉은 나도 다르지 않다.

장어가 좋아하는 곳은 기수역汽水域이다. 바닷물과 민물이 만나는 그곳에서는 장어에게 무한정 리필의 뷔페식이 제공된다. 풍부한 먹거리는 염분의 농도 차로 인한 기포와 물아지랭이 때문이다. 산란기에 대비하여 오래 전 지나왔던 그곳에서 바닷물에 다시 적응한 후, 드디어 출사표를 던졌다.

그러나 높은 장벽이 그들을 가로막았다. 수량 관리를 위해 쌓아둔 둑, 그것은 기다렸다는 듯이 바다와 강의 합류를 방해했다. 만조 때 해수면이 올라오는 때를 틈타 장어 일행은 장대높이뛰기 국가대표 선수처럼 하구둑을 넘어야 한다. 무모한 높이뛰기로 끝내 기운을 잃고 거스르기를 포기한 녀석들이 속출했다. 포기가 아니라 넘을 수 없었던 것이다. 그들에게 멸종의 위기는 그렇게 다가왔다.

사람들은 기수역에서 많은 혜택을 보았지만 아이러니하게도 그것을 보존하지 않았다. 하구둑이라는 이상한 이름으로 들어선 그것들은 이제 곳곳에서 물을 갈라놓았다. 오래 전 영산강 하구둑이 사람들의 편의성을 높이고 산업화를 앞당긴 대단한 업적으로 평가되었던 기억이 새롭다.

그로 인해 강과 바다는 돌이킬 수 없는 상처를 안게 되었다. 이제 막힌 물길을 되살리기엔 너무 멀리 와버렸다. 먼 바다에서 찾아온 생명체들이 강과 바다로 돌아가지 못한다면 우리에게 돌아올 새와 물고기가 있으랴.

3.

둑 앞에서 좌절하는 것이 장어 뿐이랴. 나를 가로막는 허들레이스도 곳곳에 포진해 있다. 어릴 적 골목길 앞에서 두 팔을 벌리며 여자아이들의 앞길을 수시로 가로막던 악동처럼 앞길을 저지한다.

내 앞에 버티고 선 둑은 머리와 가슴의 합수合水를 막는다. 이상과 현실의 소통을 방해한다. 일이 나를 가로막는다. 가고 싶은 곳이 있어도, 써야 할 글이 스쳐도 그것들은 뒷전으로 밀린다. 당면한 일처리에 치중하다 보면, 간혹 상식의 활시위를 벗어난 그럴듯한 상념 한 가닥을 놓치는 아쉬움만 남는다.

우연히 스친 글감에 도취되려는 순간에도 나를 놓아주지 않는다. 장고長考 끝에 찾아낸 글의 마무리 부분이 머릿속을 지우개로 지운 듯 깨끗이 사라졌을 때의 허망함이란….

가족도 작정한 듯 내 앞에 서 있다. 끝없는 가사 노동은 줄기차게 나를 잡아당긴다. 대상이 불분명한 불만을 구체화시키려 하면 대수롭지도 않는 일이라며 시치미떼기 일쑤다. 나의 투덜거림에, 보이지 않는 곳에서 들리지 않는 콧방귀만 날린다. 어쩌다 나만의 시간과 공간을 확보하게 되면 기다렸다는 듯 전화벨이 까르르 웃는다. 가족과 친지라는 미명 아래 행해지는, 싫지 않는 방해 공작은 휴일이면 기다렸다는 듯 지름길로 먼저 당도해 문 앞에 버틴다. 그들의 호출은 관습이라는 무게로 짓누르다가, 어느새 새털같은 가벼움으로 사라진다.

둑은 망설임의 다른 이름이다. 사실은 둑이 나를 가로막는 것은 아니다. 둑을 넘어야 할지 포기해야 할지 은연중 선택을 강요받지만, 그것을 둑으로 여기느냐 그렇지 않느냐는 온전히 나의 권한이기 때문이다.

그렇다면 둑은 이미 내게 속한 구조물이다. 콘크리트로 견고하게 구축된 그것은 언제부턴가 내 안의 길이 되었다. 그것을 허물 수도 넘을 수도 없다면 차라리 껴안자. 바다 속 콘크리트 벽보다 높은 마음의 둑에서는 조용하지만 지루한 교전이 끊이지 않는다. 승자도 패자도 자신뿐인 긴 싸움의 여정이 기꺼운 것은 그나마 다행이다.

이끼 낀 콘크리트 보를 힘겹게 뛰어오르던 그들의 안간힘이 눈에 선하다. 맛이 달아난 장어 토막을 앞에 두고 속삭인다.

'장어야 다른 몸으로 태어날 수 있다면 텃새나 집짐승으로 태어나렴. 다시 장어로 살아야 한다면 둑 앞에서 좌절하지 말고 차라리 그곳에서 살아가는 법을 익히렴.'

(수필세계 2008. 가을호)

막幕

1. ≪변신≫을 기다리며

≪변신≫이 변신을 했다. 카프카의 소설 ≪변신≫을 아이슬란드 베스트루르포트 극단이 무대에 올렸다. 원작의 초현실적인 내용과 미로迷路 같은 카프카의 언어, 냉정하고 사실적인 문체가 연극 대사에는 어떻게 녹아있을까. 또한 벌레로 변한 주인공 그레고르와 그의 의식 변화를 어떻게 묘사할는지 궁금했다.

특히 연출가 '기슬리 외른 가다슨(Gisli Orn Gardasson)'이 주연까지 맡았다니 더욱 기대가 컸다. 그는 ≪보이첵 Woyzeck≫에서 밀실 공포증을 표현하기 위해 무대에 대형 수족관을 설치하는 기발한 아이디어로 사람들을 놀라게 했다. 화제의 중심이 되곤 했던 그가 이번에는 어떤 방법으로 모호한 원작을 살려냈을까. 100년 전에 일어난 한 가족의 비극사를 넘어, 인간 조건에 대한 미묘한 시각이 투영될 공연을 기다리는 일은 몹시도 지루했다.

공연장인 LG 아트센터로 가는 길은 굵은 장대비가 걸음을 방해했다. 견고한 아스팔트에 격렬하게 꽂히는 비는 납득할 수 없는 세상과의 막莫을 걷어내지 못한 카프카의 주인공들이 세상을 향해 두드리는 소통의 몸짓인양 격렬했다. 지척의 분간이 어려운 폭우 속에서도 서둘렀다. 아직도 내게서 끝나지 않는 카프카를 만나야 했다.

2. 변신, 그의 선택이었나?

막이 열려진 채로 극은 시작되었다. 무대는 집안의 평범한 아침, 결코 평범하지 않은 일이 일어났다. 그레고르 잠자가 벌레로 변해버렸다. 집안의 빚을 갚기 위해 성실하게 일했던 그가 벌레의 몸으로 아침을 맞게 되다니….

그레고르는 평소 자신의 일상에 대한 불만이 많았다. 가족의 생계를 걸머진 영업사원이었던 그는 새벽부터 열차를 환승해야 했기에 늘 긴장상태였다. 끼니도 불규칙했으며 대인관계에 대한 부담도 한몫을 했다. 회사를 버리고 여유로운 생활을 하고 싶었지만 가족의 생계는 그의 몫이었다. 그의 내적 갈등

상태를 짐작하는 일은 어렵지 않았다. 때문에 한편으로는 변신을 편하게 받아들이고 싶었다. 비록 그럴듯한 변신이 아닌 흉측한 벌레였을망정, 노동과 긴장 상태에서 해방된 것은 사실이 아닌가. 변신이 그의 짓눌린 욕망을 곤충으로 형상화시킨 것이라면 그것은 도피였는지도 모른다.

모든 일상은 깨져버렸다. 그레고르의 입장은 하루 아침에 뒤바뀌었다. 그는 부양자에서 기생자寄生者로 탈바꿈해, 도리어 가족의 보살핌을 필요로 하게 되었다. 이것의 상징이 바로 벌레였다. 객석의 나에게 그는 여전히 생활고에 시달린 젊은 영업사원이었으나, 가족에게는 흉칙한 벌레였다. 그들은 벌레를 보고 진저리를 치며 노골적인 거부감을 나타냈다.

극이 중반으로 접어들자, 그레고르는 가족에게 점차 짐이 되어갔다. 처음에는 우호적이었던 어머니와 여동생마저도 그의 실존적 상황을 함께 극복하지는 못했다. 그는 가족의 생계를 도울 수 없었으며, 가족들은 점차 그에게 등을 돌렸다. 그는 가족과 사회로부터 철저히 소외되어 죽음을 맞는다.

과연 그레고르가 변한 것일까. 그는 벌레로 변한 후에도 가족을 배려했고 음악에 감동했다. 이처럼 그는 변하지 않았지만 가족들은 그가 변했다고 생각했다. 그가 더 이상 가족에게 도움을 주는 존재로서의 효용가치를 상실했기 때문이다. 그의 변신은 내면에 감추어진 억압된 자아의 표출이었을까. 고달픈 일상에 대한 반란이었을까.

3. 가족, 그들이 변신했을까?

무대 배치는 특이했다. 가족 간의 소통 단절 상황을 극대화시키려는 듯 복층 형태의 횡단면을 보여 주었다. 1층에서는 변함없는 가족들의 일상이 펼쳐졌고, 그레고르의 침실이 있는 2층은 각도가 뒤틀린 비정상적인 공간으로 보였다. 관객의 시점에서는 천정에서 바닥을 내려다보도록 설정되었다.

그가 죽은 후, 벌레로 변신하여 사투를 벌이던 2층은 화사한 꽃밭으로 변했다. 마지막 장면에서 가족들은 홀가분하게 소풍을 간다. 봄날의 화창함을 즐기는 가족과 대비된 그레고르의 죽음은 초라했다. 그의 죽음은 가족이 아닌 한갓 벌레의 죽음이었기에 가족들은 그것을 계기로 안정을 찾고 미래를 설계했다. 이는 원작에 깔린 혼돈의 감정을 불러일으키기에 충분했다. 장면이 바뀌어도 막은 닫아지지 않았다.

가다슨은 벌레로 변한 그레고르를 온몸으로 연기했다. 집안을 종횡무진 누비는 그는 몸을 이용한 의미전달에 진력했다. 원작의 초현실적인 설정을 연기로 전달하기란 쉬운 일이 아니었으리라. 첨단 특수효과와 무대 장치를 동원하는 오늘날 연극을 거스르듯, 벌레를 연상할 분장이나 의상도 없었다. 찢어진 회색 양복으로 벽과 천장에 매달리고 난간을 넘나들었다. 벽에 부착된 암벽 등반용 고정 장치를 밟고 이동하는 그에게 방바닥과 벽면과 천정의 구분은 없었다. 체조 대표 선수였던

가다슨은, 악몽에 갇힌 주인공의 움직임을 유연하고 풍부한 몸짓으로 표현했다. 그가 수직의 벽을 타거나 계단 난간을 아슬아슬하게 오르내릴 때면 수평본능의 나는 손에 땀을 쥐었다.

왜 하필 벌레였을까. 벌레는 일종의 상징일 뿐이다. 카프카도 벌레라는 존재에 구체적인 의미를 둔 것은 아니었다. 책의 표지에도 벌레의 이미지를 드러내지 않기를 원했기에 그레고르의 형태가 굳이 벌레여야 할 필요는 없었다. 관객이 원하는 것도 변신의 외형적인 모습만은 아니었으리라. 그 이면에 깃든 인간 존재의 조건과 진정한 가족의 의미는 무엇인지 묻고 싶었다.

막막했다. 극이 끝났으나 주인공의 절망에 몰입되어 한동안 자리를 뜰 수 없었다. 그를 위로하듯 불가사이하고 불안정한 피아노와 현악기의 선율이 암울하게 무대에 번졌다. 선택의 여지도 없이 조용히 숨을 거두는 그레고르에게 '죽음'은 그가 받아들일 수 있는 유일한 자유였다. 누이의 바이올린 연주를 들으며 '음악에 감동하는데도 한 마리 벌레란 말인가'라는 절규를 내뱉던 그가 아닌가.

변한 것은 그레고르가 아닌 가족이었다. 자신들의 유익을 위해 그를 외면했던 가족들이 벌레는 아니었는지, 고개를 갸우뚱하지 않을 수 없었다.

4. 세상과의 견고한 막

카프카에게 있어 세상의 모든 막은 견고했다. 가족, 특히 아버지와의 관계는 여러 가지 추측을 가능케 한다. 아버지로부터 받은 억압은 훗날 익명의 힘과 위계질서에 굴복할 수밖에 없게 만들었으리라. 이는 단순한 가족간의 갈등을 넘어, 사회 전체에 대한 불편한 시점으로 확대되었다.

카프카의 주제는 아버지였다. 그는 아버지에게 보낸 편지에 자신에게는 세 개의 세계가 있다고 고백했다. 그것은 '노예인 자신이 사는 곳, 거부할 수 없는 절대 권력인 아버지가 사는 곳, 나머지 하나는 행복하고 자유롭게 살아가는 남들의 세계'였다. 행복하고 자유로운 세계로부터 고립되었다던 그의 고백은 많은 작품의 기저로 똬리를 튼다. 그가 아버지로 인한 부당한 정서는 유년기에서부터 앙금으로 가라앉았다. 이 연극에서도 그레고르의 아버지는 집에서까지 번쩍이는 단추가 달린 제복을 벗지 않은 채 벌레가 된 아들에게 폭력을 행사한다.

그의 다른 작품의 주인공들도 불편하기는 마찬가지였다. 저마다 세상과 소통하지 못했으며 현실에 깊이 뿌리 내리지 못했다. 그들은 알 수 없는 목표를 위해, 모호한 상황에 발을 담근 채 살아가다가 용납할 수 없는 결말을 맞는다. 그들은 자기 성찰과 회의, 공포에 시달리다가 결국 폭력에 굴복 당하고 만다. 작가만의 도식을 쫓아가다보면 독자는 불편해지고 무언가 꼬이는 느낌을 받는다. 그러나 그것의 정체는 불분명하다. 카프카 특유의 상징의 지뢰밭에서 탈출하지 못한 나는 그를 읽는 동안 그가 은닉해 놓은 지뢰가 어디에서 터질지 몰라 긴장했다.

카프카가 내세운 사람들은 그 시대의 아이콘이었다. 그는 당시 유럽의 젊은이와 지식인들에게 상징적인 존재였다. 자신도 형제들의 죽음과 아버지와의 불편한 관계로 고독했던 성장기를 보냈으니 어쩌면 세상의 밝은 면과는 이미 그때부터 두터운 막이 드리워졌으리라. '고독은 한 번의 좌절도 없이 나를 지배하고 있다.'는 카프카의 말은 그의 심리상태를 단적으로 표현하고 있다.

5. 막이 걷히다

막은 아이러니하게도 연극이 끝난 후 비로소 유용하다. 그제서야 무대 배경과 배우들을 분리시킨다. 온전히 배우에게 몰입할 수 있도록 막을 뒤로한 채 출연진들은 정중히 인사를 한다. 커튼콜의 강도로 관객에게 극의 성과를 묻는다. 연극에 몰입하여 주인공과 동일시를 느낄 때면 관객들의 끊이지 않는 박수로 서너 번의 무대 인사가 계속되기도 한다.

예전의 극에서 막의 비중은 막중했다. 막과 막 사이에는 짧은 휴식 시간이 주어졌다. 그 사이 무대 안에서는 세트를 재배치하고 배경과 의상을 바꾸었다. 객석에서는 다음 막이 열릴 때까지 무대배경에 대한 궁금함과 기대로 설렜다.

그에 비해 현대극은 관객들이 냉철해지기를 원한다. 막이 내리는 대신 조명이 꺼지면 어둠 속에서 배우나 스텝들이 분주히 움직였다. 막을 내리고 세트를 이동하는 것은 관객에게 미적 가상을 갖게 한다고 생각했다. 극중 현실에 대한 몰입을 막고 자신의 현실을 직시하도록 하기 위한 장치다.

이제 막을 구분하는 물리적 장치는 사라졌다. 무대가 열리기까지의 과정을 비공개하려는 일종의 신비주의는 끼어들 자리를 잃었다. 의미와의 맞대면이요, 인식의 정면 돌파다. 주인공과의 맹목적인 동일시를 배제하고 자신이 처한 상황을 객관적으로 파악하고 예리하게 비판하라고 말한다. 브레이트는 관중이 극 속에 몰입되는 것을 의도적으로 막음으로써 객관적 거리감을 유지하도록 했다. 그로 인한 소격疏隔 효과를 노린 것이다.

무대에서 막은 사라졌다. 이제 우리도 막을 모두 걷어내자. 너와 나 사이에 막이란 막은 모두 걷어내자. 인간관계의 불필요한 설정들도 소거되리라.

6. 그대, 가족적인가?

어느 날 아침, 일어나보니 내가 벌레로 변했다면 어떻게 될까. 모든 역할을 하루 아침에 내던지고 흉물스런 벌레의 모습으로 나타난다면…. 가족들의 얼굴이 떠오른다. 다분히 기능적인 내 역할의 변화를 보고 그들은 어떻게 대처할까. 한 인간이 충격적인 변신을 통해 겪는 고통은 결코 그레고르만의 이야기가 아니었다. 현대인이 직면한 상황을 상징적으로 암시했기에 공감이 컸다.

밤이 깊어가는 시간, 철도 역사는 집을 잃은 이들이 잠자리를 마련하기 위해 골판지가 오가고 신문지가 분주해진다. 가족을 위한 더 이상의 가치를 창출할 수 없어 거리로 나온 노숙자, 그들도 한 때는 책임있는 가장이었으리라. 그들도 팍팍한 현실을 비웃으며 빨간 망토를 휘날리며 저잣거리를 휘젓는 슈퍼맨이 되고 싶은 마음인들 없으랴.

카프카는 우리가 정면으로 묻지 않았던 상황을 아무런 희망도 제시하지 않은 채 담담히 보여주었다. 가정이 '조건으로 인정받는 장소'가 아닌 '구원이 이루어지는 장소'로 인식되기에는 이 사회가 너무 멀리 와버렸다.

그에게 있어 가족은 땡볕을 피할 안식의 그늘이 아니었다. 솔개그늘 한 점 없는 뜨거운 길을 홀로 걷는 것만큼 비정하고 삭막한 현실의 연장이었을 뿐이다. 카프카는 막 저편에서 관객에게 가족을 떠나, 결국 인간 실존에 대해 다시 생각해보라는 질문만을 던졌다.

카프카에 사로잡힌 지난 몇 달은 혼돈스러웠다. 그의 모든 부조리한 문장 속에서 허우적대다가 삶의 국면의 원형과 정면 대치했다. 쉽사리 공감하고 이해할 수 없는 감동과 불편한 슬픔의 더깨는 용해되지 않았지만, 더 큰 허무와 더 큰 고통을 감당할 크기의 그릇 하나를 빚어낸 듯한 느낌이었다.

그의 모든 상황은 절망적이지만 삶에 대한 건조한 은유로 인해 어느 작품에서도 수긍할만한 답을 주지 않았다. 그렇다면 변신은 아직 끝나지 않았다.

'인간이 인간이기 위해서는 가족적이어야 한다.'는 가브리엘 마르셀의 언술을 떠올린다. 그대 가족적인가?

(수필시대 2008. 11, 12월호)

꿈

해질 무렵의 용산역은 뒤숭숭하다. 떠나고 돌아오는 사람들과 누군가를 기다리는 이들로 넘친다. 그 기다림의 공간에서는 일상의 흐름도 잠시 주춤한 상태다. 사람들은 멍하니 벤치에 앉아 전광판의 광고와 열차 시간표를 단체관람하고 있다. 대책없이 주어진 시간들을 예측하지 못했다는 듯 서성이는 이들도 있다.

몇 사람은 대합실 한가운데 자리한 전시장에서 자동차 구경에 열중이다. 미끈한 최신형 승용차는 적당한 허영심을 부추기며 어중간한 시간을 때우기에는 맞춤한 구경거리다. 대부분 소극적인 눈요기만으로 즐기고 있으나 문을 열고 내부를 들여다보거나, 한술 더 떠 운전석에 앉아보는 이도 있다. 미끈한 세단의 궁둥이에 자신의 모습을 비춰보는 이도 있다. 각자 원하는 대로 자동차와 만나고 있다.

나도 슬쩍 그들 틈에 합류한다. 아까부터 나를 붙들고 있는 것은 깍쟁이 같은 경차輕車도 무뚝뚝한 왜건도 아니다. 그렇다고 중형 이상의 세단은 더더욱 아니다. 흑 장미색 스포츠카 G2X 2.0 터보다.

장미향이 날 것만 같아 슬쩍 차체 가까이 다가간다. 전조등은 곤충의 겹눈처럼 옆으로 길게 째져 있고 외부는 투명 셀로판지에 포장된 싱싱한 흑장미 꽃잎이다. 차의 옆면은 바람의 저항을 줄이기 위해 물결처럼 날렵하게 패여 있다. 운전석에서는 가죽점퍼를 입은 청년이 문을 열고 내릴 법하다. 신차 전시회에서 차를 돋보이게 하는 모델 수준이었다면 차체에 지그시 기댄 채 매혹적인 포즈에 눈웃음이라도 날리겠지만 꿈에서 깨는 것은 빠를수록 좋다.

샌프란시스코를 무대로 한 영화 ≪행복을 찾아서 ; The Pursuit of Happyness≫가 떠오른다. 의료기 세일즈맨 크리스 가드너에게는 하루하루가 살아남기 위한 전쟁이다. 한물 간 의료기를 판매하지만 좀처럼 팔리지 않는다. 아내마저 그의 곁을 떠나자 아들과 함께 노숙자 시설과 지하철 화장실을 전전한다. 지극한 부성애의 상징으로 알려진 이야기이지만 내게는 스포츠카가 등장하던 장면만이 선명하다.

어느 날 삶에 지친 크리스 앞에 빨간 스포츠카 '페라리(Ferrari)'와 차의 주인이 나타난다. 가방 2개를 메고 든 지친 그의 앞에, 주식 중개인은 땅에 착 달라붙은 '페라리'에서 럭셔

리한 가방을 들고 산뜻하게 내린다. 그가 꿈꾸던 성공적인 모습의 대명사인 주식 중개인을 만난 그 순간부터 생활고에 찌든 크리스의 목표는 페라리였다. 그는 묻는다.

"뭘 하시고 어떻게 하시죠?"

무슨 일을 어떻게 하면 당신처럼 스포츠카를 가질 수 있겠느냐는 함축적인 말이다. 이미 그의 마음속에는 차의 주인이 동일시의 대상으로 자리 잡았으리라.

물질적인 성공에 대한 욕망에 가득 찬 이 질문은 그의 인생을 바꾸어 놓는다. 어려움 속에서도 그의 행복 찾기는 계속된다. 크리스에게 있어 스포츠카 페라리는 '남이 할 수 있다면 나도 할 수 있다'는 교훈과 동기유발의 상징적인 물건이었다. 그는 노숙자에서 월 스트리트의 전설이 된 실존인물이다. 그의 실화는 오프라 윈프리 쇼에 출연하여 시청자에게 폭발적인 감동을 안겨주었다.

차종車種은 때로 그 사람의 많은 것들을 대변한다. 경차의 경제성과 실용성은 청년기에 가깝고, 세단이나 대형차는 중년 이후의 안락함이 연상된다. 스포츠카는 자유와 젊음과 속도와 여유의 상징이다. 그것들이 다 갖추어지기란 만만한 일이 아니기에 질주하는 스포츠카를 볼 때면 내 마음이 뛴다, 아직도.

왕년의 내게도 혹 장미색 스포츠카 시대가 있었을까. 기억이 분명치 않은 것을 보면 그런 시절이 없었다. 그러나 턱 밑에 군살이 느껴지는 지금 나의 꿈도 한 때는 빨간 스포츠카였으리라고 우격다짐해보는 것도 괜찮겠다. 젊음은 있었으나 그것이 안겨준 부수적인 즐거움을 향유하지 못했던 나의 청년기에는 연인도 자유도 없었다. 스포츠카의 조수석은 꿈꾸지 못했다.

내 청춘의 대부분은 흑백영화였다. 코발트블루를 꿈꾸었으나 내 젊음의 노트는 무채색과 갈색이었다. 우울했던 청춘은 어두웠으나, 나를 몰라주는 세상은 그런대로 견딜만했다. 그 시절에는 나이 50쯤 되기만을 기다렸다. 그 때쯤이면 무념무상無念無想의 경지는 당연히 내 것이려니 했다. 그러나 지천명知天命은 커녕 자신의 존재조차 파악하지 못하고 있다.

나의 스포츠카 시대는 지금이라고 우겨볼까. 내가 바라는 것은 수억을 호가하는 페라리나 전통의 메르세데스 벤츠도 아니다. 미끈한 스포츠카가 엔진 소리 털털거리는 포터 트럭으로 바뀌고, 야들야들한 스카프 대신 투박한 목도리면 어떠랴. 모든 버튼을 조작해 봐도 지붕은 열리지 않을 것이니 수동식 손잡이를 빙빙 돌려 창문을 내리면 그만이다. 옆 좌석에는 귀밑머리에 서리가 드문드문 내려앉은 생활의 달인이 앉아있을 것이다. 그와 싱거운 눈맞춤을 주고 받을 것이다. 기분이 내키면 스카프를 휘날리며 옹색한 미소라도 날려야겠다. 그 빛이 바래도 꿈은 꿈이다.

(월간문학 2008. 9월)

4부

새
길
몸
역驛
쉰
성城
그
흥興

새

1. 희말라야 새

이윽고 설산雪山이 다가왔다. 눈 덮인 산을 배경으로 한 마리의 새가 치솟았다. 이어서 새의 무리가 선두를 따라 날갯짓을 퍼덕였다. 쇠재두루미였다. 죽음을 무릅 쓴 그들의 비행은 생존을 위해서였다. 몽골 추위를 피해 인도로 가야만이 한겨울을 따뜻하게 지낼 수 있다지만 어린것들까지 몰고 나서기엔 위험한 길이었다. 심각한 지구 온난화에 따른 생태계의 변화를 보여주는 영화 ≪지구earth≫의 화면 속으로 빠져들었다.

녀석들에게 희말라야 산맥은 아득했다. 소용돌이치는 바람을 만나기라도 하면 날 수 없었기 때문이다. 강풍이 닥치기 전, 편대를 이루어 있는 힘을 다해 하늘을 뚫을 듯이 다시 솟구

쳤다. 주춤하는가 싶더니, 선두가 구령이라도 붙였음인지 고급 코스를 활강하는 스키어처럼 일제히 상승기류를 탔다. 지친 날개에 온 힘을 다해 고도를 높였다.

마침내 그들이 설봉을 넘는 순간, 장엄함에 가슴이 벅차올랐다. 때를 맞추어 정상을 배회하던 안개군단이 기다렸다는 듯 환상의 세계를 연출했다. 그들은 운무雲霧 속으로 사라졌다.

안개지대를 벗어나자 비로소 녀석들이 보였다. 검고 긴 목, 잿빛이 선명한 날개 끝, 몸은 수평을 이룬 양팔저울이 되었다. 그제서야 한껏 우아함을 과시하며 유영하더니 창공을 배경으로 해독 불가한 상형 문자를 만들고 지우기를 반복하다가 이내 흩어졌다.

쇠재두루미는 자신들의 비행이 먹이만을 위한 것은 아니라며, 시인의 입을 빌어 노래했다.

> '지상의 무거움을 단 며칠 허기로써
> 고요히 내려놓고 활공할 수 있다면
> 카랑한 산울림 속에 이 한 목숨 못 맡길까'
> – 이승현의 〈희말라야 새〉 중에서

그들은 그렇게 떠났다. 그들이 떠나는 순간 내게는 그들만이 새였다. 화면 가득 떠다니던 빙하, 쉴만한 빙산을 찾아 허우적거리는 북극곰, 사막화를 피해 먹이를 구하던 아프리카 코끼리 떼의 장관도 그저 스쳐지나갔을 뿐이다.

2. 갇힌 새

싱가포르의 주롱 새 공원(Jurong bird park)은 새의 천국이었다. 새의 집단 주거지였던 넓은 공원에서 화려한 새들은 관광객의 이마에 부리를 스칠 듯 낮게 배회했다. 그들이 정수리를 치고 솟구칠 것만 같아 움츠렸다. 나도 모르게 모자에 손이 갔다. 저 공비행의 명수들이었다. 세상의 모든 새는 다 모였을까. 8,000마리에 600종이 넘는다니 가히 새의 공화국이 아닌가.

쇼 무대가 열렸다. 노란 왕관 깃털의 새들과 주홍빛 앵무새들이 퍼레이드를 시작했다. 잉꼬가 현란한 턱시도를 흔들며 서로의 부리를 쪼아댔다. 이어서 조련사의 검지 손가락을 횃대 삼아 대기하다가 무대에서 관람석으로 날기를 반복했다. 스탠드를 가득 메운 관광객의 흥미를 붙들어야 하는 자신들의 임무를 알고 있었다. 관광객이 손에 쥔 지폐를 부리로 잽싸게 물어와, 다시 되돌려주고 박수를 기다리는 여유까지 부렸다.

그들은 곡예를 업業으로 하지 않아도 최적의 생계는 보장된다. 온난한 싱가포르의 날씨와 울창한 숲으로 미루어, 어느 곳에 둥지를 틀어도 연명할 수 있으리라. 그곳만 벗어난다면, 거대한 새장인 공원에서 한껏 날아 탈출한다면 자유로울 텐데….

새가 자유로움의 상징이라면 그들도 새일까. 조련사의 명령에 따르기만 하면 먹이가 보장되고 사람들의 환호와 박수가 넘쳤다. 더 높게, 더 멀리 날아야 할 이유가 없는 그들의 깃은 화려했다. 갇힌 새, 사교계의 여인처럼 뭇사람들의 사랑 속에서 높이 나는 법을 잊어버린 비운의 새, 그들은 새가 아니었다.

3. 날고 싶은 새

연전에 미국 서부 여행 중이었지. 애리조나에 이르자 북서부 고원지대가 콜로라도 강에 침식되어 빚어낸 신의 걸작, 그랜드 캐니언이 나타났어. 평지에 우뚝 솟은 산인가 싶다가 절벽을 이루는 수많은 협곡의 장관, 황토빛의 현란함에 질식할 뻔했어.

깎아지른 듯한 골짜기의 전망대에 섰어. 더 이상은 사람의 발길이 허용되지 않는 기점이었지. 3억 년이 넘는 긴 세월, 침식과 퇴적의 광활한 흔적 앞에서 초라한 감탄사는 차마 내뱉을 수도 없었지. 나는 고작 티끌 한 점이었거든. 억겁의 세월과 감히 견줄 수도 없는 대단치 않은 나의 가벼움이 도리어 홀가분했어.

순간, 날고 싶었어. 협곡 벼랑의 비경을 망연히 바라보며 스치는 한 가지 생각은 '날 수 있다면, 순간이라도 날기만 한다면….' 그 이후의 일들은 아무래도 좋았지. 취한 듯 난간 앞으로 쏠리는 몸을 굳이 추스르고 싶지 않았어.

4. 날지 못하는 새

지금? 지금도 마찬가지야. 땅 위의 지리멸렬한 것들에서 자유로울 수 있다면, 방정식보다 복잡한 관계의 틀을 박차고 나올 수 있다면, 날아야 해. 나의 영역에 찍힌 몇 개의 점에서 점으로 이동하기만을 되풀이 하는 내 모습이야말로, 보장된 먹이에 의해 저공비행하던 주롱 새 공원의 새가 아닌가.

날 수 없어서 걸었어. 서녘으로 번지는 노을을 따라갈 요량으로 한 시간 넘게 안양천변을 걸었을 거야. 오른편의 둑 너머 육교가 보이더군. 가끔은 그 위의 풍경이 궁금했던 터라 계단을 따라 단숨에 둑에 올랐어. 물론 육교 위에 섰지. 명멸하기 시작한 요란한 불빛 때문이었을까. 서서히 이륙을 시작했어. 고도를 높인 몸은 허공에 뜬 기분이었어. 아래로는 자동차의 행렬이 가관이더군. 자동차들은 저마다 번들거리는 지붕을 얹은 채 속도를 내지 못하고 서서히 기더군.

'날자, 날자.' 두 팔을 옆으로 힘껏 뻗었어. 사위는 어두웠고 다행히 육교를 지나는 사람도 없더군. 이제 날기만 하면 돼. 하루의 시간을 몇 개의 조각으로 잘게 나누어 동동거리던 일상들이 발아래 납작 엎드리더군. 통쾌했어. 눈을 감고 그들 위로 날기 시작했어. '이렇게 날면 되는 것을, 그래 이 정도면 족한 것을.'

'끼익-' 갑자기 귀를 찢는 경적음에 눈을 떴어. 자동차가 급정거로 내지르는 소리였어. '까악 까악' 함께 비행하던 새소리였다면 좋으련만. 육교 위에서 양팔을 벌리며 엉거주춤 서 있는 중년 여인의 모습이라니…. 겨드랑이를 접어 날갯짓 대신 외투 호주머니에 손을 넣었어. 육교 계단을 총총 내려오니 어느새 어둠이 이미 천변을 덮쳤더군. 감귤빛 가로등이 슬며시 웃었지만 괜찮았어.

오늘도 미수에 그친 비행은 완벽한 실패였어. 안전한 착지着地는 물론 성공이었지. 새의 비행은 일상 탈출도, 마땅히 밟아야 할 과정을 건너뛰기 위한 몸짓도 아니었어. 그들이 나는 것은 내가 걷는 것과 다르지 않았어. 나는 지금껏 날아본 적이 없어. 한 발 한 발 내 몸을 동력으로 걸음을 옮긴 만큼만 앞으로 나아갔을 뿐이야. 그런 내게 수직 상승은 물론 소리지를 만한 행운도 없었어. 지금까지 그랬듯이 이 순간도, 또 내일도 걸어야 해.

다시는 비행은 꿈꾸지 않을 거야. 그들은 날 것이고, 나는 그저 묵묵히 걸으면 돼.

(수필과비평 2009. 1, 2월호 신작특집)

* 나에게 보내는 편지

길

조금 지쳐 보이는군. 벌써 신도림역이야. '스르륵' 전동차 문이 열리네. 일시에 쏟아져 나오는 사람들과 자동으로 합류되네 그려. 기다렸다 천천히 나가고 싶겠지만 그건 희망사항이지. 사람의 해일은 가만히 서 있어도 출구로 데려다 줄 거야.

계단을 내려가는, 또는 올라오는 사람들을 보게. 그들을 '군상群像'이라는 어휘로 묶어 현대사회의 부품 정도로 생각했다면, 그런 마음일랑 접어두게. 그들은 가정에서 사회에서 한 몫을 단단히 해내는 소중한 개체일세. 시간의 노예로 전락한 자네의 모습이기도 하네.

멀지 않은 거리지만 겨울의 퇴근길은 아득하기만 하네. 빠르게 내려앉은 어둠 때문일 걸세. 지하도를 빠져나와 인적이 드문 곳에 이르렀네. 공식 '퇴근가退勤歌'인 그 노래를 오늘도 낮게 읊조리는군. 달팽이의 몸으로 바다를 찾아가는 녀석의 고단함을 공감하고 싶은가.

집에 오는 길은 때론 너무 길어. 나는 더욱 더 지치곤 해.
문을 열자마자 잠이 들었다가 깨면 아무도 없어.
좁은 욕조 속에 몸을 뉘었을 때
작은 달팽이 한 마리가 내게로 다가와
작은 목소리로 속삭여줬어.

언젠가 먼 훗날에
저 넓고 거치른 세상 끝 바다로 갈 거라고
아무도 못 봤지만
기억 속 어딘가 들리는 파도소리 따라서
나는 영원히 갈래.

– 패닉(Panic)의 〈달팽이〉 일부

달팽이는 꿈도 크네. 어찌 그 몸으로 바다를 생각한단 말인가. 이 노래를 흥얼거릴 때면 은둔형 외톨이인 달팽이가 연상되네. 얼마간의 고립이 가능하다면 자신으로만 파고들어 꿈을 향해 더딘 걸음을 내딛는 달팽이로 지내고 싶네.

이윽고 집에 도착했군. 우선 욕실을 향하네. 욕조로 다가와 속삭이는 달팽이라도 찾으려는가. 달팽이가 꿈꾸는 바다는 실현 불가능한 꿈으로 보이네. 녀석에게도 사고하는 삶이 있다면, 바다는 달팽이의 목표겠지. 기억 속의 파도 소리를 따라서 거치른 세상 끝의 바다를 향하는 달팽이를 상상해 보았나. 그것은 허무맹랑한 신화이거나 환상 속 동화에 가까울 것 같네.

그러나 달팽이의 바다는 더디게, 그러나 반드시 걸어가야 할 끝없는 삶의 길이 아니겠는가. 일상이 어느 정도의 긴장감과 경건함을 요구하는 것은, 삶의 유한성과 미래의 불확실성 때문이겠지.

욕실의 흐린 거울을 닦고 자네가 알고 있는 몇 개의 길을 떠올려보게. 속도 무제한의 아우토반이 있는가 하면, 강변을 따라 길게 누운 자전거 도로가 있었지. 마주 본 가로수가 터널을 이루고, 전나무와 메타세쿼이어가 열병식을 행하는 길도 생각나겠지. 그것들은 풍경으로써 길이 아닌 사람들의 여정旅程이기도 하네. 자네의 길은 어느 쪽에 가깝다고 생각하는가. 그 어떤 길보다 달팽이가 더디게 가야 하는, 사람들은 가늠할 수 없는 달팽이의 여정은 숭고해 보이네.

아직도 자네가 갈 길은 먼가? 길눈이 어둡다고, 남은 길이 더디다고 생각되는가. 그럴수록 달팽이의 느린 걸음으로 온몸을 밀고 나아가게. 거울 속의 자네가 왠지 미더워 보이네. 자기최면이라도 좋으니 그 길을 갈 수 있다고 확신해 보게. 내일 아침에도 졸음을 털어내며 또 새로운 하루에 출사표를 던질 자네에게 건배!

(제물포수필 2009. 상반기호)

몸

— 〈시인 김수영 문학제〉에서

길은 젊음으로 넘쳤다. 지병처럼 도지는 해질녘의 울렁증을 즐기며 거리를 기웃거렸다. 홍대 부근 '이리 카페' 는 숨바꼭질이라도 하자는 듯 골목에 숨어 있었다. 김수영 선생의 문학제가 열리는 그곳은 좀처럼 잡히지 않아 다소 불편한, 선생의 시 세계처럼 알 듯 모를 듯 비로소 나타났다. 선생의 40주기를 맞아 후배 시인들이 그의 시 정신을 기리는 자리였다.

넓지 않은 실내는 조용한 뜨거움이 점령하고 있었다. '거대한 뿌리여, 괴기한 청년들이여!' 라는 구절이 적힌 선홍색 현수막은 장내를 압도했다. 열기로 가득 찬 실내 어디선가 김수영 시인이 퀭한 눈빛으로 쏘아보며 자신의 시에 대한 새로운 독법을 요구하고 있었다.

행사가 시작되었다. 그의 '거대한 뿌리'에 사로잡힌 후배 시인들은, 자신들의 시에 대해 '김수영의 시에서 뽑아낸 독한 알약같은 구절을 자신의 정신 속에 투여했을 때 나타난 이례적인 효과에 대한 임상 기록' 이라고 했다. 그들의 자작시 낭송에 이어지는 춤, 퍼포먼스는 내 안에 잠든 몸의 꿈틀거림을 부추겼다.

춤 공연이 시작되었다. 현대무용가 이용인이 김수영의 '풀'을 주제로 선보인 모더니즘 무용이었다. 긴 머리의 그녀는 지그시 바닥을 내려다보며 자연스런 몸짓으로 무대로 다가왔다. 진한 갈색 얇은 셔츠에 편해 보이는 바지, 바닥을 끄는 토슈즈 차림이었다. 그녀는 춤에 필요한 것은 몸이 전부라는 듯 일체의 무대 장식도 없었다. 낮고 맑은 음색의 관악기는 바람에 억새풀이 서걱거리는 낯선 음을 거칠게 뱉어냈다.

그녀의 팔은 척주와 연결된 신체의 부분이 아니었다. 팔은 바람과 풀로 모습을 바꾸며 선생의 시를 온몸으로 표현했다. 그녀의 춤사위는 관객에게 보이기 위한 춤이라기보다는 홀로 온전히 풀이었다. 허리에서 찰랑이는 머리카락도 미풍이거나 회오리 바람이었다. 앉았다, 일어섰다, 미끄러지듯 빙빙 돌더니 이내 중심을 잡고 몸을 움츠리고 펴기를 반복했다. 그녀의 몸은 자신을 드러내야할 자리에서는 주저없이 오랫동안 흐느적거렸다. 음악이 앉으면 앉고 요동치면 휘휘 바람을 일으키며 돌았다.

그녀의 유연성과 강인함에 빠져들었다. 시 속의 순수와 참여, 예술성과 사회성의 간극을 메우려는 몸짓일까. 힘을 다해 허공을 가르고 또 내저었다. '날이 흐리고 풀뿌리가 눕는다'로 비관적인 역사의 흐름을 암시했던 시의 마지막 구절인 양 조용히 몸을 낮춘 그녀가, 시작이 그랬듯이 슬며시 무대에서 사라졌다. 압도하는 박수소리는 창문과 벽을 비비고 있었다.

이어서 L시인은 헌정 시 〈늑대의 옷〉을 1인극 형식의 퍼포먼스로 펼쳤다. 거울을 보며 양복 바지를 벗더니 셔츠를 코밑까지 끌어올려 넥타이를 졸라맸다. '나는 달려갔네' 라는 외침과, 인도 전통악기 싯타르와 북소리 등이 절묘한 조화를 이루며 몸으로 재현된 시로 이끌었다. 이 시인에게 있어 옷은 '사회성을 상징하는 감옥과 같은 존재' 였을까. 이상을 얘기하다가 다시 현실로 돌아왔으며, 거대 담론을 펴다가 일상으로 돌아오기를 주저하지 않았던 엄숙한 현실주의자인 김수영을 몸으로 표현했다.

그날 밤 김수영은 그곳에 있었다. 감수성과 현실감각이 남달랐던 시인이자 산문가였던 그의 과감하고 전위적인 시작법은 모더니즘 시로 뿌리내렸다. 그 뿌리는 다양한 방식으로 시정신을 토해냈던 수많은 오늘의 김수영들과 함께 현현顯現하고 있었다. 그들의 무대는 '내일의 시는 미지未知의 시'라 했던 선생의 실험정신에 부합하고 있었다. 시인이 살았던 시대 이상으로 혼란스러운 하수상한 이 시절에 그의 시가 이렇듯 주목받고 있음은 당연한 일이다.

젊은 김수영들에 취해서 카페를 나왔으나 그녀의 춤은 나를 따라나섰다. 그녀는 자신의 춤이 민중들의 생명력과 그것을 억누르려는 세력의 싸움이라고 소리내어 외치지 않았다. 시에서 눕고, 일어나고, 울고, 웃는 것들의 주체가 되었던 몸의 주인은 자유로웠다. 강한 것의 부드러움을 온몸으로 드러내던 그녀 앞에서 정물같은 나의 몸은 초라하기만 했다.

다행인 것은 내가 21세기의 젊은이가 아니라는 점이다. 요즘의 젊은이들은 자신을 드러내야할 자리에서는 춤, 노래, 성대모사 등의 개인기로 자신을 표현한다.몸의 향연을 벌여야만이 분위기를 아는 사람 축에 든다. 만일 지금의 내가 이삼십대라면 사교계 소외계층이라는 낙인과 함께 생기 없는 풀이 되었으리라.

얼마 전 화면에서 보았던 마다가스카르 원주민들의 장례풍습이 떠오른다. 죽은 자의 시신은 가매장한 후, 오랜 시간 후에 치르는 장례식은 축제 분위기였다. 죽은 자의 몸을 만지며 망자를 배웅하던 이들은 시신에서 돌아서자마자 몸을 흔들었다. 자연스러운 춤사위가 이어졌다. 작정하고 때를 정해 추는 춤이 아니라 일상인 듯 몸에 배어 있었다. 시신을 뒤로한 춤사위를 이윽고 바이러스가 되어 단숨에 번졌다. 문상객의 윤무輪舞는 삭막한 주변의 경관과 미묘하게 어우러져 그곳이 사람 사는 동네임을 보여주었다. 죽음의 장場에서 펼쳐지는 한마당 삶의 찬가였다, 그들의 춤은. 차라리 나도 마다가스카르에 태어났더라면 바람인 듯 노을인 듯 자연의 한 조각으로 그들 틈에서 한바탕 춤사위라도 날릴 것을.

신장 164, 체중 ○○kg. 내 몸의 구체적 사양을 밝히지 못함은 착한 몸매가 아님을 은폐하려는 어두운 속셈만이 아니다. S라인은 물 건너 간지 오래고 D라인을 넘볼 만큼 변화무쌍하기 때문이다. 내 몸은 정신에 의해 조종되는 살덩이일까, 한낱 장기臟器를 포장하고 있는 가죽자루일까. 리듬을 타야 하는 여흥의 순간에도 몸과 마음이 따로 놀고 있다.

몸은 내 안에서 아우성을 치리라. 이제부터라도 몸의 소티에 귀 기울여 달라고…. 열정적인 춤사위와 광란의 몸짓으로 나도 살아있었노라고 오직 몸으로만 외치고 싶다. 나의 흥과 신명도 온전히 몸으로 노래하리라. 나의 몸과 정신을 구분했던 막은 모두 허물어져라.

(수필세계 2009. 가을호)

역驛

해질 무렵이라야 제격입니다. 구로역 계단을 내려가, 8층에 자리한 레스토랑 '콜롯세움'의 문을 미십시오. 창가에 빈자리가 있다면, 마른 체구의 지배인은 웃으면서 당신을 그곳으로 안내할 것입니다. 식사와 함께 나오는 와인 향을 먼저 음미하세요. 유리잔의 긴 목을 가볍게 잡고 두어 모금 넘기면 목 줄기가 따스해질 것입니다.

그 때쯤 창밖을 바라보세요. 네온이야 앞 다투어 불을 밝히겠지만, 당신의 창에는 그런 경박스러운 정경 대신 어둠을 달려온 전동차들의 퍼레이드가 시작됩니다. 높은 레일을 달리는 전동차는 맞닿을 듯 하다가 헤어질 것입니다. 빛을 발하는 사각의 창窓이 긴 꼬리를 거느리며 사라질 때면, 검은 허공을 달리던 〈은하철도 999〉의 한 장면이 떠오를 겁니다.

전동차는 결코 만나는 법이 없습니다. 헝클어진 실타래처럼 놓인 저 마다의 길을 용케 찾아갈 뿐이지요. 그들이 만나 눈빛이라도 맞추려면, 기관사는 도덕 선생님처럼 낮은 음성으로 안내합니다. '먼저 들어 온 전동차를 보내기 위해 잠시 대기 중'이라고. 조금 기다려 서로 껴안고 싶었지만 어느새 제 길을 달리는 의연한 모습에 사람들은 안도합니다.

세상은 그처럼 안전운행만을 권합니다. 그들이라고 가슴이 없겠습니까. 인천에서, 천안에서 오로지 제 길만을 달려왔으니, 악수를 나누고 포옹도 하고 싶겠죠. 침목에 걸터앉아 잠시 회포를 풀고 싶은지도 모릅니다. 설령 만난다 해도 연륜이 감당할 만큼 흔들리다가 곧장 자신의 레일을 찾아 플랫폼을 떠나겠죠. 당초 노선대로 종점인 청량리에서 멈추거나 의정부, 또는 소요산까지 가야 하니까요. 만남에 취해 시간을 지체한다면, 연착을 허용하지 않은 사람들은 저녁 뉴스에 그들의 직무 유기를 비난할 것입니다. 상식을 이탈한 이들이 견고한 사회통념의 질시를 받는 것처럼 삶은 이렇듯 안전운행만을 원합니다.

역은 엇갈린 영혼들이 노숙처입니다. 아픈 별리의 흔적을 지우지 못한 영혼들이 먼지처럼 역 구내를 부유浮游하고 있을지 모르죠. 드물게는 재회再會도 있습니다. '동물원'의 노래처럼 말입니다. 두 아이의 엄마가 된 옛 연인과의 재회 장면이 연상되네요. 전주前奏에서 흘러나오는, 역의 소음에 이어지는 잔잔한 노랫말에 귀를 맡기세요.

시청 앞 지하철 역에서 너를 다시 만났었지
신문을 사려 돌아섰을 때 너의 모습을 보았지
살아가는 얘기, 변한 이야기, 지루했던 날씨 이야기
밀려오는 추억으로 우린 쉽게 지쳐갔지
나의 생활을 물었을 때 나는 허탈한 어깨 짓으로
어딘가에 있을 무언가를 아직 찾고 있다 했지.

– 동물원의 〈시청 앞 지하철 역에서〉 중

재회한 두 사람은 레이스에서 이탈하거나 연착하지 않고 금세 자신의 궤도에 오릅니다. 엇갈렸던 그 옛날처럼 말입니다. 그들은 '언젠가 다시 만나는 날엔 빛나는 열매를 보여' 주리라는 기특한 다짐도 하네요. 도회의 지친 삶은 하루 분량의 열정만을 배급해 줍니다. 그것이 소진하면 다시 재충전해야 하는 일상에서, 그만한 열매를 보여주기가 얼마나 어려운 일인지를 알기에 큰 기대를 하지는 않겠죠. 남자는 가끔 그녀를 생각한다는 말은 삼키고, 짧은 인사만 건네고 헤어집니다. 그 후에도 가끔은 하릴없이 시청역을 배회할지도 모릅니다.

다시 창밖을 보십시오. 어둠 속 전동차의 불빛에 망연히 취해 있을 때 당신의 상상력이 메마르지 않았다면, 저 창 하나쯤에선 인연이 다해 아픈 마음을 다독이는 사람도 보일 것입니다. 그도 레일을 따라 자신만의 길을 가는 중이겠죠. 살아오면서 놓치고 말았던 기회, 엇갈렸던 만남…. 그런 것들의 상징인 양 결코 만나는 일 없이 스쳐가기만 하는 열차의 불빛을 질리도록 바라보십시오. 밤이니까요.

그때쯤이면 장식 없는 하얀 잔에 담긴 커피 향이 유혹하겠죠. 늦은 저녁의 카페인이 불면을 예약하겠지만, 하룻밤 숙면을 반납하는 일이 대수겠습니까. 불면의 밤일수록 영혼의 눈금은 시나브로 수위가 오를 테니까요. 엇갈린 인연이 뒤돌아보라고 사인을 보낼 때면, 서둘러 밖으로 나오십시오. 바쁠 것도 없는 사람처럼 느리게 걸으십시오. 거리공원에 이를 때면 인적도 뜸하겠죠.

공원 앞 나무 벤치에 앉으십시오. 어렴풋이 드러난 별이 보이나요? 빈센트 반 고흐의 '별이 빛나는 밤에'가 재연될 것입니다. 불투명한 노란 별들이 둥글게 소용돌이치는 밤하늘에 취해 있을 때면, 전동차의 굉음에 고흐의 별들이 우수수 떨어질 것입니다.

삶은 어긋남이겠죠. 누군가는 상행선을 향할 때, 상대방은 하행선에 몸을 싣기도 합니다. 운명은 길섶마다 행운을 숨겨놓았다던가요. 무수한 엇갈림에서 또 다른 만남과 대면하는 삶이야말로 아이러니의 결정체로군요. 어긋남이야말로 예정된 각본이었는지 모릅니다.

지금껏 달려온 길을 돌아보십시오. 결국 이 길에 오르기 위한 과정이었네요. 그렇다면 어긋남은 결코 빗나간 것이 아니군요. 어긋난 레일에서 비로소 제 길을 찾아가니까요. 어긋나지 않았던들 그처럼 안정되게 자신의 두 바퀴를 온전히 내맡길 수 있겠습니까. 사람들로 붐비는 지하철 역에 들어설 때면 '어긋남의 박물관'이라도 거닐 듯 애정 어린 시선으로 찌든 벽을 바라보십시오. 전동차는 육중한 몸으로 벽을 가리고 '스르륵' 문을 열 것입니다.

밤공기가 찹니다. 그만 일어나시죠. 종착역까지는 아직 많은 역驛이 남아 있습니다.

(에세이포레 2009. 하반기호)

쉰

이럴 줄 몰랐다. 십진법으로 묶인 나이 숫자가 바뀌면 어디선가 사전 통보라도 해올 줄 알았다. 생각해 보니 사십에도 그런 일은 일어나지 않았다. 자고 일어나 보니 유명해졌다는 어느 문사는 이름이라도 남겼다. 어영부영하다 보니 쉰이란다. 죽어서도 천 년을 간다는 태백의 주목朱木이 보면 한없이 좋은 나이다. 그렇게 말하는 이는 좋은 세월 다 갔다는 말을 괄호 안에 써놓았으리라.

아무려면 어떠랴. 이미 쉰인 걸…. 마흔일 때도 '불혹不惑' 영역에서 제대로 된 등급을 받지 못했다. 재수再修라도 했으면 좋으련만 생략했다. 내 의지와는 무관하게 건너 뛰어, 지천명知天命 반班에 편입해 버렸다. 턱없이 모자란 실력으로 월반한 학생의 학교생활처럼 세상은 만만한 것이 없다. 마냥 봄날도 아니다.

그럴 줄 알았다. 지천명에 입문했다고 하여 묘책이 있는 것도 아니었다. 등 떠밀려 온 터라 '하늘의 뜻'까지는 언감생심이다. 멀리 갈 것 없이 내 뜻만이라도 짐작케 되기를 바랄 뿐이다. 다만 낯선 대상과 마주쳤을 때 스파크(spark)가 순하다. 치우침도 덜하다. 그것이 사람일 때면 예외다.

아직 멀었다. 반백 년을 살았으니 뭔가 좀 다르려니 했던 것은 착각이었다. 잡다한 것들은 내 안의 휠터에서 자동으로 걸러지려니 했다. 어지간한 일 앞에서는 '그러려니….'의 느긋함을 즐기게 될 줄 알았다. 그런 여유는 커녕, 변덕이 죽을 끓는다. 금방 해치우려 했던 일도 심드렁하고 작은 일에도 몸을 사린다. 가급적 생략하고 마는 일이 부지기수다. 그러다가 엉뚱한 곳으로 튀는 일도 다반사다. 대책 없는 일이다.

웬만한 것들은 내 안에서 곰삭으려니 했다. 쉰 냄새가 나는 그것들을 항아리에 담아두려 했다. 볕 좋은 날 걸레질이라도 하면 장독대는 촉촉한 물기를 받아 빛나겠지. 안에서는 옹글게 숙성되고 겉으로는 은근한 반짝임으로 내가 써버린 시간을 대변해주리라.

억울한 것만은 아니다. 쉰이 지났다고 크게 잃은 것이라도 있는가. 동안童顔 열풍으로 인해 노화에 대한 거부감도 있지만, 젊음만이 경쟁력일 수 없다. 나이듦이 무력함을 안기는 것만은 아니다. 나이는 생각보다 먹을 만하다. 그 맛이 의외로 괜찮을 때도 많다. 그동안 꿈꾸어왔던 중년의 그림이 있다면 지금부터 붓을 들면 된다.

영화도 나이대로 느낀다. 젊었을 때라면 놓치고 말았을 행간의 의미가 보인다. 〈사랑 후에 남겨진 것들〉을 이삼십 대에 보았다면 영화가 끝나자마자 출구를 향했으리라. 그 영화는 멀티플렉스 상영관에서는 일찍이 막을 내렸다. 삼청동의 후미진 언덕에 자리한 영화관은 시간이 멈춘 듯 한적했다.

독일의 시골 마을이 무대였다. 트루디는 공무원이던 남편 루디가 불치병에 걸렸음을 알고, 그 사실을 숨긴 채 여행을 떠난다. 베를린의 자녀들을 찾아가지만 나이든 부모에게 시간을 내어주기에 그들은 너무 바쁘다. 바다를 보기 위해 찾은 발트해에서 뜻밖에도 아내가 죽는다. 홀로 남은 루디는 여행을 떠난다. 죽은 아내가 소망했던 것들을 찾아 둘만의 추억이 담긴 하늘색 가디건을 껴입은 채 낯선 도쿄를 헤맨다. 일본은 아내가 생전에 가보고 싶었던 곳이었다. 눈 덮인 후지산과 벚꽃…. 아내에게 그것을 보여주기 위해서였다.

죽음의 춤, 그녀는 부토춤 무용수가 되고 싶었다. 사랑 때문에 그 꿈을 접었음을 뒤늦게 알게 된 루디는 떠돌이 소녀에게서 그 춤을 배운다. 부토춤에는 죽음이 담겨 있다. 절명의 순간에 추는 춤을 상상해 보았는가. 숨을 몰아쉬며 안간힘을 다해 일어나려는 몸부림이었다. 그것은 죽음을 부정하기보다는 온몸으로 껴안으려는 몸짓으로 보였다. 자신과 아내에 대한 깊은 이해에 도달하기 위함이었을까. 슬픔을 승화시키려는 듯 그는 온몸으로 죽음의 춤을 추었다.

쉰이 아니었다면 그를 온전히 이해했을까. 영화는 기승전결의 보편적인 절차대로 구성되지 않았다. 삶 역시 정해진 수순의 징검다리를 건너는 과정만은 아니듯이…. 아내의 꿈에 다가가는 루디의 여정에 동행하는 동안 마음이 울렁거렸다. 파장이 일었다. 지금 이 순간에도 컴퓨터 자판 위로 그날의 벚꽃비가 하염없이 내린다.

쉰이 던진 선물은 뜻밖이다. 삶의 모든 순간은 나름대로 의미가 있고 아름답다. 이 새삼스러울 것 없는 진실에 비로소 눈뜬 것이다. '시간이 많은 줄 알았다.'며 후회하던 루디의 목소리가 울린다.

'견見하지 말고 관觀하라'던가. 꽃도 나이대로 느낀다. 지난가을 안양천변을 걸을 때였다. 서둘러 내린 무서리에 코스모스들이 시들어갔다. 사람들은 꽃의 시절을 보내고 성숙기를 갖는 코스모스에는 눈길조차 주지 않았다. 만개한 그것들의 하늘거림에 발걸음을 늦추던 이들이었다. 저 혼자 씨앗을 여물게 하고 있는 시든 코스모스 앞에서 한참을 보냈다. 지는 꽃의 평화로움을 쉰이 아니면 알 리 없었으리라. 이제 그들이 갈색 마른 줄기로 바람을 맞을 만추를 기다린다.

되돌아 본다. 쉰을 맞을 준비는 되어 있었는가. 이 길에 꽃을 뿌려줄 이 없으니 스스로를 충전한다. '언제나 네가 옳았어. 그러니 거침없이 세상으로 나가렴.' 나를 향해 근거 없는 허풍도 떨어본다. 다만 그 시간들이 내 의식에 아무런 흔적도 없이 지나가 버릴 것만을 우려한다.

아직 알 수 없는 나, 이쯤해서 너의 정체를 순순히 밝혀다. 굳이 자백할 것도 없는데 가슴 한 켠을 움켜쥔다. 통증이 인다. 쉰, 그간의 시간이 뭉친 아픔이다.

(에세이스트 2009. 5, 6월호)

성城

1. 산모퉁이

오늘은 종로구 부암동을 걷기로 했다. 세검정에서 큰 길을 버리고 골목길로 접어들었다. 십 분도 안 되어 하늘이 보이지 않는 숲이 나타났다. 도심 가까이에 숨겨진 곳을 혼자 발견한 듯, 횡재한 기분이었다. 이항복 선생의 별장터였다는 백사실 계곡에서 발을 담근 것만으로 충분했다. 거기에 더해 낯선 길을 걷다가 경치 좋은 카페에서 잠시 쉬어간다면 더 좋으리라.

드문드문 이어지는 나무 이정표를 따라 카페 '산모퉁이'에 도착했다. 아침이어선지 넓은 창이 온통 내 차지였다. 북악산을 병풍삼은 화강암은 물오른 수목의 초록빛과 잘 어울렸다. 젊은 일본 여성들이 쉴새없이 소곤댔다. 그들은 사진촬영이 목적인 양 소품으로 장식된 구석구석을 카메라에 담았다. 주말 아침 나른하게 낮잠을 즐기던 오래된 물건들이 눈을 비비며 부스럭거렸다.

창 왼편에 흰 지네처럼 누워있는 구조물이 시선을 끌었다. 서울성곽이었다. 산허리를 돌고 돌아 끊어질 듯 이어졌다. 긴 몸을 주체하지 못하겠다는 듯 미동도 없었다. 창밖에 아스라히 길게 누운 성곽을 본 후, 북악산을 배경으로 우아하게 들어앉은 이국적인 풍경도 시들해졌다.

그래 저곳이야. 저곳을 걷는다면 눅눅한 마음의 습기를 증발시킬 수 있겠지. 헝크러진 관계도 땡볕에 널어놓으면, 더 희어질 수 없을 만큼 표백될 거야. 커피의 얼음이 채 녹지 않았으나 서둘러 마시고 일어섰다. 사냥감을 발견한 포수처럼 발걸음이 빨라졌다.

2. 서울 성곽

성곽의 문루인 창의문에 이르렀다. 단숨에 성곽 초입까지 걸었다. 몇 계단을 걸었을 뿐인데 땀이 솟았다. 칠월의 볕이 오전 내내 달구어놓은 계단의 후끈한 열기가 전해온다. 그제서야 썬크림조차 바르지 않았다는 생각을 했다.

점점 오르막으로 치달았다. 성곽을 호위하던 주변의 수목은 그늘 한 점 드리워주지 않았다. 정오의 태양은 나의 정수리를 집중 공격했다. 발길이 무거워졌다. 출발지에서 급경사 구간임을 강조했던 말이 비로소 떠올랐다. 거칠 것 하나 없는 빈손으로 오르는 길이 이토록 숨 차오는데 변변찮은 장비도 없이 돌을 운반했을 민초들의 고통을 헤아려보니 오르막의 힘겨움조차 과분했다.

1932년 조선 왕조를 개국한 태조는 즉위하자마자 한양 천도 계획을 세웠다. 그는 경복궁과 종묘의 건립에 이어 북악산과 남산, 인왕산을 잇는 18㎞에 달하는 성곽을 쌓기 시작했다. 도성 방어의 목적이었지만 정작 임진왜란 때는 선조가 의주로 피하는 바람에 제 구실을 할 기회조차 없었다. 농한기를 이용해 전국에서 소집된 백성들이 쌓은 이 성은, 사대문 안 사람들의 심리적 안전장치였을 뿐 물리적 구조물로써는 무의미했다.

3. 카프카, 카프카

카프가의 〈성, 城〉의 주인공 K를 생각했다. 성에서 초대받은 측량기사 K는 눈 쌓인 밤, 마을에 도착했다. 성에 들어가려는 K를 마을 사람들은 호기심으로 바라볼 뿐, 정작 그를 불러들인 관청조차도 어떤 행동도 취하지 않았다. 이상한 일이었다. 결국 성에 들어가려던 그의 노력은 수포로 돌아가고 끝내 이방인으로 제자리만 맴돌았다. 성은 외부와 절대적인 단절의 상징이었다.

카프카가 1922년 폐결핵의 고통 속에서 집필한 〈성〉은 미완성인 채로 끝난다. 설사 완성시켰다 할지라도 그가 K를 온전히 입성하도록 하지는 않았으리라. 카프카는 가족과도 대화하지 못했던 〈변신〉의 그레고르나, 자신에게 판결을 내리려는 법정에서 제대로 변호조차 할 수 없었던 〈심판〉의 주인공을 통해, 현대인의 소외와 고독에 대해 말하고 싶었을까. 우울했던 자신의 삶을 그들에게 끈질기게 투영시키지 않고는 견딜 수 없었던 모양이다.

그의 주인공들은 결국 실존으로 들어가는 문을 찾지 못했다. 완전한 인간 실존에 다가가려 할수록 도리어 소외되고 고립된 자신을 확인할 뿐이었다. 수많은 오늘의 K들에게도 성은 미완으로 남았다.

성곽에는 일정한 간격으로 망루가 세워졌다. 수도 방위의 명을 받은 군인이 긴 사각형으로 난 창을 통해 밖을 바라보고 있었다. 탐방객만 오르내리는 호젓한 초소에서 저들이 지키려는 것은 무엇일까. 청년의 황금기를 헌납하고 감시하는 것들의 실체는 무엇인가.

초소의 군인의 모습을 보며, 나는 다시 카프카를 찾을 수밖에 없었다. '법 앞에 한 문지기가 서 있다.'로 시작하는 〈소송〉의 마지막 장 '법 앞에'를 연상케 했기 때문이다. 여기에서 카프카는 법을 지키는 문지기와, 안으로 들어가려는 '시골 사람'을 대치시킨다. '시골 사람'은 결국 법에 들어가지 못하고 몇 년 동안의 불행한 우연을 저주하다가 죽음을 맞는다. 결미의 이상한 문장은 마법처럼 나를 붙들었다. '이 곳에는 당신 이외에는 아무도 입장을 허락 받을 수 없소. 이제 가서 문을 닫아야겠소.' 그럴 수가…. '시골 사람'을 위한 입구는 처음부터 열려 있었던 것이다. 그렇다면 문지기는 왜 그 문을 지켜야만 했을까.

여기에서 법은 각자에게 다른 의미다. 혹자에게는 정의나 사랑일 수도 있고 예술일 수도 있다. 그 임무를 수행한 문지기나 끝내 법 앞에 나아가지도 못한 '시골사람'은 모두 주변 세계와 유리된 채 개별자로서의 삶을 살 수밖에 없다. 우리들의 모습과 다르지 않다.

카프카는 성 축조에 관한 모순에 대해 말하고 싶었을까. 그는 〈만리장성 축조에 관한 보고서〉에서도 장벽의 실용적인 목적의 무용론을 내비친다. 만리장성은 광활한 대륙에서 황제 체제를 유지하고 백성들을 일체감으로 결속시킬 방안으로써의 대 역사役事 였다. 자신이 속한 공동체의 헌신을 진정한 자아실현으로 믿었던 당시의 백성들에게 성 쌓기는 가치 있는 노동이었을까. 그토록 어마어마한 규모의 장성이 만들어지기까지 수천만 명이 동원되었다. 그들은 가족과 이산의 아픔을 겪었을 뿐 아니라, 노역에 시달려 성벽 아래 묻히는 일도 다반사였으리라. 그렇지만 아이러니하게도 성으로 인해 보호받은 자들은 그 후에도 없었다. 수많은 백성들을 희생시켰을지언정 그들에게 실질적인 유익은 주어지지 않았다. 그들의 목숨을 담보로 한 난공사에 몸을 바친 것은, 삶의 필수 요소인 자신이 속한 세계와 어떤 방식으로든지 관계지을 수밖에 없었기 때문이리라.

왜 그들의 황제는 자신의 땅에 경계를 세우려 했을까. 아마 자신들을 위협하고 있던 침입자의 불안에서 해방시킬 수 있다고 생각했을 것이다. 그들의 바람과는 무관하게 이곳 서울 성곽처럼 역사상 장성長城이 방어의 기능을 한 적은 거의 없었다.

당태종은 만리장성이라는 안전장치에도 불구하고 접경과의 분쟁이 끊이지 않은 것이 고민이었다. 그는 생각을 바꾸어 화친을 맺어야겠다는 생각에 칙사를 보냈다. 적진에 파견된 이세적은 놀라운 기지를 발휘해 화친에 성공하고 돌아왔다. 태종은 이세적의 공을 치하하며 '인현장성仁賢長城' 네 글자를 하사했다. 사람이 성보다 낫다는 의미였다. 성벽으로 얻을 수 없었던 국경의 평화를 이룬 것은 사람이었다.

4. 무소의 뿔처럼 혼자서 가라

땡볕은 시간이 더할수록 나를 노려보았다. '이래도 더 갈래?' 나의 의지를 실험하려 들었다. 정상을 포기하고 되돌아가려했으나 어디를 반환점으로 삼을지 결정하는 일은 생각보다 어려웠다. 계단 모서리에 우산 하나를 편듯한 그늘이 드리워졌다.

그곳에 잠시 앉았으나, 초소 군인들의 시선에 휴식을 접고 일어섰다.

그곳을 기점으로 유턴했다. 내리막의 여유로움에 젖어들었을 때 한 줄기 바람이 불었다. 바람은 견고한 성벽을 비웃듯이 지붕을 살짝 스쳤다. 이어서 제가 지닌 무한의 자유로움을 과시하는 듯 나를 희롱했다. 그것도 잠시 뙤약볕 속으로 몰려가 버렸다. 무한 자유의 상징인 듯 바람의 투명한 뒷모습은 거침없었다.

내리막에서 누군가의 기척이 느껴졌다. 뒤돌아보았다면 퀭한 눈의 카프카였으리라. 그가 〈학술원에 드리는 보고〉에서 토로했던 말이 메아리처럼 번졌다. '저는 자유를 원했던 게 아닙니다. 다만 하나의 출구를 원했습니다.'

카프카에게는 늘 출구가 없었다. 성곽 역시 성벽으로 이어져, 되돌아가는 방법이 있을 뿐 출구는 보이지 않았다. 성 축조의 목적이 진정한 방어가 아니었다. 내가 만든 잡다한 경계와 불필요한 성들도 배타와 경계를 위함은 아니었다.

허접한 세상사야말로 출구 없는 것들의 집합체가 아닌가. 미수에 그치곤 하는 출구 찾기와 되돌아가기는 이미 내게는 익숙한 생활양식이다. 발 아래 펼쳐지는 대수롭지 않은 일로 마음의 각을 세우며 상처를 주고 받던 일들의 부질없음이여.

출구가 보이지 않아 무소의 뿔처럼 혼자서 걷고 싶었다. 세상이 그다지 호의적이지 않던 어느 무덥던 날, 성곽의 산책길에서 약속도 없이 카프카를 만났다. 성곽 완주를 포기하고 터벅터벅 걷던 내리막길, 카프카와 헤어진 후 발걸음은 의외로 가벼웠다.

(수필과 비평 2010. 3, 4월호)

그

서둘러 그를 만나려는 생각에 산방산에서 해안도로의 유혹을 마다하고, 중산간도로를 두 시간 남짓 달려도, 그럴싸한 이정표 하나 없었으나, 그가 카메라를 메고 누볐을 목초지를 스치며 다다른 곳은, 성산읍 삼달분교였던, '김영갑 갤러리 두모악',

김영갑 – 그는 나를 알지 못했으나 그의 사진을 오래 전부터 마음에 담았기에, 이번 제주 여행 목적지 0순위로 삼았고, 이제야 달려온 나를 그가 탓할 리야 없겠지만, 왠지 너무 늦게 왔다는 생각에 서둘러 갤러리에 들어서는데, 정원의 낮은 담장과 토우에게 발목이 잡힌 것은, 그가 근육 경직을 늦추기 위해 만든 눈물겨운 흔적이었음에, 그의 땀과 눈물을 기억하는 정원을 배회할 때, 개화 시기도 잊은 채 무리지어 핀 수선화가 넌지시 선물한 1월의 봄은 그의 진혼鎭魂을 위한 선물,

2005년 세상을 떠난 그가 아직도 이곳에 머무른다고 생각했던 것은, 그가 마비된 목을 간신히 가눈 채 가슴이 검게 타들어간 현무암을 바라보며, '세상사 구멍 같은 상처라도 없으면 무슨 맛으로 살거니?'라고 속삭였기에 고개를 끄덕이며 들어선 갤러리,

사진에서 들리는 기이한 환청의 정체는, 온전히 그의 피사체였던 오름에서 들려오는 바람 소리와 구름 흐르는 소리였음에, 숨죽이며 나를 맡긴 '삽시간의 황홀', 그의 뷰파인더에 담겨 영생을 얻은 피사체들이 바람을 핑계로 서로를 애무하는 사진은, 당근과 고구마로 배고픔을 달래며 셔터를 눌러댔던 그의 예술혼이 피워낸 꽃을 보며, 받을 길 없는 그에게 서둘러 전송한 메시지는,

'꽃 한송이 피웠으니, 진정 아름다운 삶이었노라'

그에게만은 속살 보이기를 주저하지 않던 섬에서, 용눈이 오름과 설레는 사랑을 시작한 그는, 자고 나면 허허벌판도 봉우리도 아닌 오름으로 달려가 어미의 완만한 젖무덤에 영혼을 비비고 몸을 맡겼으니, 20대 청년을 미치게 했고 고향도 서울

생활도 버리게 했던 그들의 열애 앞에서는, 한낱 허울이고 껍데기였을 대처大處의 부박浮薄한 일상,

말총같은 머리 휘날리며 사진기를 메고 오름을 누비던 청년이 지천명을 바라볼 즈음, 그를 질투하던 희귀병은 셔터를 누르는 손에 이어 급기야 카메라를 들지도, 걷지도 못하게 했지만, 병고 속에서도 오직 사진에만 매달리며, 햇볕이 잘 드는 호스피스 병동 대신 이 외진 골에서의 작업을 고집했으니, 천형같던 루게릭병은 차라리 훈장이었을 터,

생명의 불씨가 다하는 순간까지 그가 이루어낸 유토피아 '두모악'에, 비로소 세인들의 시선이 모였고, 중산간의 방목장과 들녘이 골프장과 리조트로 바뀌어도, 이곳만은 섬의 민낯이 담긴 이어도,

겨울볕에 등을 기댄 채 그의 작업실을 들여다볼 때, 서가에 꽂힌 '그리스인 조르바'에 시선이 멈춘 것은, 손가락 하나 움직일 수 없었던 그와, 자유를 갈구하며 거침없는 생을 살았던 '조르바'의 이미지가 오버랩되었음에, 이제는 그도 육신의 자유로움을 얻어, 두 남자가 함께 이어도의 지는 해를 바라보며 덩실덩실 춤이라도 추었으면.

(현대수필 2010. 봄호)

흥興

'팝과 클래식의 만남－'. 자고 나면 그윽해지는 이 계절과 어울리는 연주회다. 오케스트라가 연주하는 팝, 음악에서도 장르 구분의 벽이 무너진 것은 자연스러운 일이다. 서울 팝스 오케스트라의 레퍼토리는 쇼팽의 '녹턴(Nocturn)'에 이어 뮤지컬 '지킬 앤 하이드'와 '웨스트 사이드 스토리'에 이르기까지 다양했다. 뮤지컬 가수 남경주의 끊어질 듯 이어지는 노래에 나도 모르게 숨을 참았다. 장내를 뒤덮은 그의 음역은 인간의 성대가 낼 수 있는 한계를 보여주었다. 남성의 목소리라고 믿어지지 않는 조관우의 고운 음색과 인기 여가수의 최신곡, 상임 지휘자는 관객의 취향을 고려한 선곡과 능숙한 진행으로 객석을 사로잡았다. 프로그램에 예고된 연주가 모두 끝났다.

반면 박수는 잦아들지 않았다. 드문드문 자리를 털고 일어나는 이도 있었으나, 대부분은 일어날 생각이 없는지 박수를 계속 쳤다. 오케스트라를 다시 무대로 부르는 사인이었다. 퇴장했던 지휘자가 그럴 줄 알았다는 듯 다시 등장했다. 이번에는 지휘봉 대신 마이크를 잡았다. 앵콜에 응한 그의 즉석 제안은 독특했다. 관객에게 오케스트라를 지휘하고 노래할 기회를 주겠단다. 지정곡은 '사랑은 아무나 하나'. 관객에게 멍석을 슬쩍 깔아주려는 노련함이 묻어났다.

공은 얼떨결에 객석으로 넘어왔다. 경력 선수의 완벽한 패스에 객석은 순간 잠잠해졌으나, 이내 사태를 파악한 듯 큰 웃음이 퍼졌다. 잠시 후 한 여인이 아이를 덥석 안더니 무대에 올려놓았다. 지휘를 자청하는 이는 없었다. 무겁지만은 않은 침묵이 흘렀다. 그때였다, 뒤편에 앉았던 검은 셔츠의 사십 대가 성큼성큼 걸어 나온 것은. 혜성같이 나타난 그는 박수와 함성에 팔을 흔들며 연예인처럼 응수했다. 밝은 표정의 그를 보며 안도했다. '지휘 경험이나 클래식에 일가견이 있는 사람이겠거니' 하는 기대로 설레었던 것은 나만이 아니었으리라.

검은 셔츠는 때를 만났다는 듯 지휘봉을 휘둘렀다. 어쩐지 이상했으나 주사위는 이미 던져졌다. 젓가락 장단에 가까운 그의 지휘가 어설프다는 것을 눈치 채는 데는 한두 마디면 족했다. 반면 오케스트라의 연주는 지휘와는 무관하게 제대로 진행되었다. 그는 아이의 노래가 막히는가 하면 어느새 마이크를 잡고 노래까지 불러댔다. 지휘자석으로 뛰어가 엉터리

지휘를 하다가 노래방인 듯 열창하던 그는 급기야 막춤의 경지를 넘나들었다.

'싸랑은 아아무나 하나
어느 누가 쉬-입다고 해앴나'

불필요한 악센트까지 넣어 열창하는 그에게, 사랑이 쉽다고 반박할 사람은 없었다. 즉석 연출로 종횡무진 무대를 날아다니는 그의 모습은 신선했다. 새벽 주문진 어시장의 좌판에서 퍼덕이는 날것이었다. 그가 파닥거리며 몸을 뒤척일 때마다 은빛 비늘이 눈부셨다. 그는 음악회 관객에서, 졸지에 대형 오케스트라 지휘와 노래까지 불사한 무대 체험을 즐겼다. 관객들의 웃음도 창문으로 천장으로 마구 부딪혔다.

사태는 이미 수습이 어려운 상황으로 진입했다. 구태여 죄목을 붙이자면 '자기몰입죄'를 저지르고 있는 현행범인 그를 제재할 모종의 법적 조치는 불필요했다. 흥겨운 것은 검은 셔츠뿐 아니었다. 우리는 모두 대리만족의 수지맞는 고급 정서를 공유하고 있었다. 근래 이처럼 신바람 나는 일이 있었던가.

막은 내렸다. 관객들은 썰물처럼 객석을 빠져나가면서도 커튼이 드리워진 무대를 아쉬운 듯 돌아보았다. 검은 셔츠가 다시 나타나 광란의 밤을 주도해 나갈 것만 같았을까. 그들은 자신의 몸 구석 어디엔가 남아 있을 흥을 추스르지 못했는지

주차장을 향하는 발걸음이 흐트러졌다.

검은 셔츠는 무대를 즐겼다. 이목과 체면도 벗어버렸다. 그저 흥겨움의 발산에 충실했다. 클래식과 팝이 만나는 무대를 트로트 가락으로 평정한, 통섭의 퍼포먼스의 일인자가 아닌가.

장르 구분에 얽매인 나의 사고방식이 넥타이처럼 옥죄어 왔다. 마디에 담긴 박자 길이를 놓칠세라 조마조마했다. 못갖춘마디 앞에서 시작하는 순간을 맞추기 위해 긴장했던 순간들도 답답해졌다. 합창이라도 할 양이면 내 소리가 두드러질세라 눈치깨나 보며 소리를 억누르지 않았던가. 거기에 도돌이표라도 만나면 내키지 않아도 정해진 마디로 되돌아가 반복해서 부르곤 했다. 휴가조차도 너무 긴 호흡으로 쉬는 것을 경계하며 쉼표의 길이까지 조절했으니, 차라리 숨막힘표였다. 그렇듯 악보는 일상의 매력없는 지침이었다.

악보는 잠시 잊어도 그만이다. 박자를 다소 놓치면 어떠랴. 클래식이건 팝이건, 트로트면 또 어떻단 말인가. 즐거우면 음악인 것을…. 모처럼 맛본 신바람에 내 몸 어딘가에 낮은 포복으로 엎드리고 있던 감각 뉴런이 스멀스멀 활동을 개시했다. 흥의 자극은 신경 세포로 빠르게 전파되어 감각의 돌기가 일어나기 시작했다. 도심의 가을밤이 언제부터 그토록 상큼했을까.

(계간문예 2010. 가을호)

연보

• 학력

1958 전남 장흥 출생.

1980 송원대학 유아교육과 졸업,

2002 우석대학교 교육대학원 유아특수교육 전공(교육학 석사).

• 경력

1982~1992 전남 장흥 용산 초등학교, 장흥 서 초등학교, 부산 초등학교, 장성 서삼 초등학교 병설 유치원 교사.

1992~1998 인천 축복 유치원 원감.

1998~2006 인천 성광 유치원 원감.

2006~현재 성산효대학원대학교 부설 성산어린이집 시설장.

1998~2001 유치원 교육과정 운영지침 작성 위원.

2002~2003 인정도서 심의 위원.

2003~2005 〈인천유아교육소식〉편집위원, 유치원 교육과정 편성 위원.

2006~2007 인천광역시 문화예술 온라인 자문위원.

• 등단

1995 ≪인천문단≫ 수필 대상, 수상작 〈아버지의 유산〉

1996 ≪수필과 비평≫ 신인상, 수상작 〈다시 우체국에서〉

2008 ≪수필시대≫ 수필 평론 신인상
〈김동석 수필에 나타난 두 가지 경향에 대한 고찰〉.

• 문단 활동

≪에세이포레≫ 주간.
≪수필과 비평≫ 이사.
≪수필과 비평≫ 작가회의 부회장.
국제펜클럽 한국본부 인천지역 위원회 부회장.
≪선수필≫ 편집위원.
한국문인협회 회원.
한국여성문학인협회 회원.

• 수상, 기타

1999 '제물포 수필 문학상'.
2003 '인천문학상'.
2004 '신곡문학상'.
2008 '인천PEN 문학상'.
2001 스승의 기념 부총리겸 교육인적자원부 장관 표창.

1998 인천광역시 문예창작 지원금 수혜.
2001 전남 장흥 천관산 문학공원에 작품비 '나무' 건립.
2004 인천광역시 문예창작 지원금 수혜.

• **작품집**

1998 ≪다시 우체국에서≫.

2003 ≪나무≫.

2004 ≪아날로그 - 건널 수 없는 강≫.

2008 ≪질주≫.

현대수필가 100인선 · 8 5
엄현옥 수필선
작은 배

초판인쇄 | 2010년 10월 22일
초판발행 | 2010년 10월 28일

지은이 | 엄 현 옥
펴낸이 | 서 정 환
펴낸곳 | 좋은수필사

주 소 | 서울시 종로구 익선동 30-6
운현신화타워 빌딩 3층 305호
전 화 | 02)3675-5635, 063)275-4000
등 록 | 1984년 8월 17일 제28호
홈페이지 | http://www.shinapub.com
e-mail | essay321@hanmail.net

값 7,000원

ISBN 978-89-5925-354-8 04810
ISBN 978-89-5925-247-3 (전 100권)